本丛书得到国家社科基金重大项目《把握经济发展趋势性特征，加快形成引领经济发展新常态的体制机制和发展方式研究》（批准号 15ZDC009）、国家社科基金一般项目《瞄向"经济－社会－生态"协同发展的公共经济治理研究》（批准号 15BJL033）和深圳市人民政府委托重大项目《加快发展新经济的体制机制问题：中国发展新经济的问题与对策研究》的资助

中国改革新征途：
体制改革与机制创新丛书
A New Journey in China's Reform:
A Collection of System Reform and Mechanism Innovation

创新驱动与强国征程

Innovation-Driven Journey to Stronger China

樊继达◎著

人民出版社

总　序

　　一部中国改革史,其实也是一部制度和体制机制变迁的历史。在中国经济进入新常态的大环境下,制度改革、制度创新和体制机制变迁的作用更加凸显。党的十八大以来,以习近平同志为核心的党中央强调,"摆在我们面前的一项重大历史任务,就是推动中国特色社会主义制度更加成熟更加定型,为党和国家事业发展、为人民幸福安康、为社会和谐稳定、为国家长治久安提供一整套更完备、更稳定、更管用的制度体系"。①"到二〇二〇年,在重要领域和关键环节改革上取得决定性成果,完成本决定提出的改革任务,形成构建系统完备、科学规范、运行有效的制度体系,使各方面制度更加成熟更加定型"②,推进国家治理体系和治理能力现代化。党的文献中首次出现并重点强调"制度体系""制度定型"的概念,让世界看到新一轮改革的制度取向。

　　今天中国的改革,已经进入以强化制度建设为核心的全面深化改革阶段。"制度改革"始终聚焦重要领域和关键环节,"制度创新"始终注重顶层设计和配套衔接,综合部署"弹钢琴",使一系列制度体系愈加成熟定型。改革不是单个领域体制的调整和修补,而是各方面体制

---

① 《习近平谈治国理政》,外文出版社2014年版,第104—105页。
② 《十八大以来重要文献选编》(上),中央文献出版社2014年版,第514页。

与制度的创新;不是某个领域体制改革的单向推进,而是各领域、各层次的系统推进;不是止步于改革体制机制,而是要着眼于制度聚合与集成,形成总体性的制度成果和制度文明。以制度建设巩固改革开放的成果,以制度创新激发社会活力,增进全体人民福祉,这是全面深化改革不遗余力推进制度创新的深层逻辑。

我国仍然处在社会主义初级阶段,在跨越"中等收入陷阱"的进程中,完善社会主义市场经济体制具有特殊的紧迫性。经济发展进入新常态以来,党中央、国务院提出了供给侧结构性改革的战略部署,核心要义是优化制度供给,形成引领经济发展新常态的好的体制机制。可以说,本套丛书的研究也契合了制度供给侧改革的理论和实践,并得到了国家社会科学基金重大项目《把握经济发展趋势性特征,加快形成引领经济发展新常态的体制机制和发展方式研究》(编号 15ZDC009)的资助。

党的十八大以来,党和国家的事业发生历史性转变,我国发展站到了新的历史起点上,中国特色社会主义进入了新的发展阶段。党的十九大开启中国发展的新篇章,社会主义现代化强国建设的新征程拉开大幕,客观上要求中国特色社会主义制度体系更加成熟定型。本套丛书意在为推进我国重要领域和关键环节的制度建设,提高国家治理能力现代化提供有益借鉴。

张占斌

2017 年 8 月

于国家行政学院

目　录

前　言

　　1978 年,中国从"以阶级斗争为纲"转向"以经济建设为中心",经济面貌由此发生了翻天覆地的变化。1978—2017 年,中国经济增长年均达到 9.5%,成为第二次世界大战后发展中国家"超常规高速增长"的典型代表。中国经济总量占世界的份额由 1978 年的 1.8% 提高到 2017 年的 15% 以上,近五年对世界经济增长的贡献都保持在 30% 以上,是世界经济增长的重要引擎。回顾 40 年来中国经济高速增长的历程,中央政府、企业与地方政府在其中的贡献甚大。中央政府推进改革开放,做对激励机制,释放市场活力,引领中国经济不断爬坡过坎。企业寻找市场"痛点",发挥比较优势,学习借鉴国外先进技术,满足人民群众日益增长的物质文化需要。地方政府积极招商引资,发展辖区经济,成为中国经济增长的重要推动力量。

　　中国经济发展进入新时代,正从发展中大国向现代化强国迈进。习近平总书记在十三届全国人大一次会议上指出——我们的目标是到 21 世纪中叶把我国建成富强民主文明和谐美丽的社会主义现代化强国,为我们未来的发展指明了方向。迈向现代化强国必须走创新为第一动力的高质量发展道路,建设现代化经济体系。

　　可是,必须看到,任何一个发展中国家成为经济强国之路并非一帆风顺,绝不是敲锣打鼓、轻轻松松就能实现的。随着中国经济步入"新常态",经济发展的约束和动力条件正在发生变化,正进入矛盾增多的关键阶段。需求方面,外部需求在减少,内需重要性在上升;要素方面,"人口红利"渐行渐远,人口老龄化趋势加快,生产要素成本上升,资源环境约束日渐增强;发展速度方面,潜在增长率下降,经济增长告别两位数超高速增长模式,步入中高速增长阶段;经济结构方面,长期积累的结构性矛盾凸显,结构调整势在必行;发展取向方面,民众诉求增多,目标多元化趋势明显。

从世界范围来看,2008年的金融危机深刻改变了世界格局。全球供给结构和需求结构正在发生深刻变化,发达国家纷纷提出"再工业化"战略,掀起回归实体经济的高潮,试图实现从"产业空心化"到"再工业化"的回归。新兴市场经济体加快对外开放和产业结构调整步伐,资源富集国家谋求产业链条延伸,庞大生产能力与有限市场空间的矛盾更加突出,全球市场争夺更加激烈。美国特朗普上台后推行的一系列政策更是为世界经济发展带来了变数,增加了不确定性。我们面临的世界经济形势日益错综复杂。

科学技术越来越成为推动经济社会发展的主要力量。新一轮科技革命和产业变革正在孕育兴起,一些重要科学问题和关键核心技术已经呈现出革命性突破的先兆,带动了关键技术交叉融合、群体跃进,变革突破的能量正在不断积累。世界各国正在实施更加积极的科技和人才战略,抢占未来发展制高点的竞争日益加剧。各种形式的保护主义抬头,气候变化、能源资源安全、公共卫生安全等全球性问题越发突出。从历史上看,创新驱动是一国推动经济转型升级,迈向现代化强国的必然选择。人类社会的进步发展与创新的步伐相伴相随。谁能在关键时刻实现抓住重大科技革命和产业变革的创新机遇,谁就能掌握发展的主动权。英国率先开启的工业革命引领国家从农业国转型为工业国，成为世界经济近200年的"霸主"。美国在20世纪末果断将信息技术、高科技作为突破方向，始终保持在这一领域的领先地位。反观部分拉美国家，由于未能在创新方面有所突破，及时实现经济转型升级，陷入"中等收入陷阱"长达半个世纪之久。

早在20世纪90年代中期，中国就提出转变经济增长方式，从粗放型、外延式经济增长转变为集约型、内涵式经济增长，从数量型增长转变为质量型增长，实现增长动力转换，但效果并未达到预期。随着中国特色社会主义进入新时代，经济发展步入新常态，中国传统的要素与投资带来的驱动力不断衰减，既有的发展模式与发展路径亟须进行再瞄准。实现"十三五"规划及全面建成小康社会的奋斗目标，中国必须从要素驱动、投资驱动转向通过技术进步来提高劳动生产率的创新驱动，从根本上推动经济从外源性增长向内生性增长转变，从高速增长向高质量发展转变，推动中国从经济大国转型为经济强国。国内外实践经验表明，越是主动、及早转到创新驱动的轨道，下好"先手棋"，发展成效就越明显，发展质量就越高；越是犹豫不决，徘徊不前，越有可能错失良机，错失重要的战略机遇期。

中央政府层面要从"规模赶超"向"质量效益"转变。必须认识到，中国即使经过未来10年左右的努力成为世界第一大经济体，但经济的竞争力、创新力与发达国家美国、日本、德国等相比，依然存在很大差距，绝不可妄自尊大，也不可妄自菲薄。必须增强战略定力，靠创新驱动中国从传统要素主导的粗放发展向创新要素主导的高质量发展转变，产业分工从价值链中低端向价值链中高端跃升，从过度依赖投资与出口的"斯密型增长"转向以创新为主的"熊彼特型增长"，从过度倚重比较优势转向塑造竞争优势，培育新的增长动能。

企业层面要从"学习模仿"转向"内生创新"。中国企业当前处于"三明治陷阱"夹缝之中，低端面临周边国家的分流，中高端面临发达国家的回流，除非创新，别无出路。企业要抛弃传统的发展模式，强化创新意识。突出企业作为创新的主体地位，加大创新投入。要不断拓宽创新视野，培育企业创新人才队伍，同时建立健全面向企业的技术创新服务平台等。

地方政府要从以前的"为增长而竞争"转向"为创新而服务"。不再简单地以GDP论英雄，彻底告别粗放式发展模式。在注重硬件建设的同时更注重软环境的提升，从差异化的"特惠制"招商转为打造"普惠制"一视同仁的营商环境。更为关键的是，从招商引资转向招才引智。实践表明，在创新驱动发展的进程中，哪些地方拥有大批创新创业人才，哪些地方就拥有了赢得未来的资本，深圳就是一个成功的例子。因此，地方政府重构发展理念，打造包容性、积木式、法治化的创新生态体系极为重要。

站在新时代的历史起点上，展望全面建成小康社会后的基本实现现代化和建成现代化强国的奋斗目标，我们必须戒骄戒躁，不忘初心，走创新为第一动力的高质量发展之路，建设现代化经济体系。推动中国从中等收入国家跨入高收入国家行列，从经济大国迈向经济强国，为建立富强民主文明和谐美丽的社会主义现代化强国奠定更为坚实的物质基础。

第一章　高速增长:中国经济
为什么能

中国经济在长达 40 年的时间内实现年均 9.5% 的经济增长,远超日本和韩国所保持的经济高速增长纪录,原因何在? 笔者认为,独具特色的驱动经济增长的三维框架可能是重要原因之一。与西方市场经济国家不同的是,中国在经济增长的过程中,政府职能出现了一定程度的"异化",地方政府演化为具有高度竞争性的"公司化政府",进而形成"规模赶超型中央政府+学习模仿型企业+增长竞争型地方政府"的三维驱动经济发展模式,这既是中国经济高速增长的根源,同时也是诱发当下诸多难题的症结所在。

第一节　规模赶超型中央政府

自 1840 年鸦片战争起至今已近两百年了,这是中华民族从半殖民地半封建社会向现代化社会转型的两百年。其中,前一百年的主要任务是解决"挨打"的问题,赶走侵略者,实现民族独立和人民解放,成功

"站起来"。后一百年则是"追赶"和超越的一百年,从积贫积弱走向民富国强,实现"富起来"和"强起来"的目标。

一、社会主义新中国的赶超之路

社会主义新中国是在"一穷二白"的基础上成立的。以毛泽东为代表的第一代领导集体逐步形成了"四个现代化"的发展目标,即把中国建设成为一个具有现代农业、现代工业、现代国防和现代科学技术的社会主义强国。在高度集中的计划经济体制时期,中国初步建立了自己的工业化基础,"赶超"是中国经济发展的一个重要特征。中央政府在 1958 年提出要使中国在主要工业产品产量方面在十年内超过英国、十五年内赶上美国(所谓"超英赶美"),由此掀起"大跃进"运动,但因对中国经济的整体实力认识不清,社会主义建设经验不足,这次"赶超"并未取得成功。

计划经济时期僵化、封闭的体制严重束缚了生产力的发展。至1978 年前,世界发达国家收入的平均水平是 8100 美元,中等收入国家的平均水平是 1160 美元,发展中国家的平均水平是 520 美元;按当时的汇价计算,中国人均国民生产总值仅有 230 美元,农民的人均收入不足 62 美元。中国贫困人口及低收入人口约占总人口的一半。面对国内吃不饱饭的严酷经济现实及与国际发展差距扩大的窘况,从 1978 年开始,中央政府调整发展思路,摒弃计划体制模式,推进市场化改革,并逐步融入全球经济之中。"发展是硬道理"取代"以阶级斗争为纲"成为全社会的新共识,中国经济由此进入持续高速增长的时期。中央政府不断调整优化激励机制,调动大量的要素投入经济建设中,带动经济规模不断扩张,成功赶超了多个国家。20 世纪 80 年代初,党中央、国务院提出了现代化建设"三步走"发展战略目标,具有明显的

"赶超"特色①：第一步，1981 年到 1990 年，国民生产总值翻一番，解决人民的温饱问题，这一目标到 20 世纪 80 年代末就已基本实现；第二步，1991 年到 20 世纪末，国民生产总值再翻一番，人民生活达到小康水平，在 1995 年就已提前完成；第三步，到 21 世纪中叶，国民生产总值再翻两番，人民生活比较富裕，达到中等发达国家水平，基本实现现代化。

1982 年，党的十二大把人民物质生活达到小康水平作为主要奋斗目标，将其视为中国国民经济和社会发展的阶段性标志。到 1990 年，中国国民生产总值已达 1.76 万亿元，按可比价格计算，比 1980 年增长 1.43 倍，人均国民生产总值比 1980 年增长 1.1 倍，完成翻一番的任务。到 2000 年，中国 GDP 达到 8.94 万亿元，按不变价格计算比 1980 年增长 5.55 倍，人均 GDP 比 1980 年增长 4.09 倍，超额完成人均国民生产总值比 1980 年翻两番的任务。

由于前两步发展目标实现顺利，进入 20 世纪 90 年代后，党的十五大将 80 年代"三步走"的第三步战略目标进一步细化，提出 21 世纪上半叶中国新的"三步走"发展战略：21 世纪第一个十年实现国民生产总值比 2000 年翻一番，使人民的小康生活更加富裕，形成比较完善的社会主义市场经济体制；再经过十年的努力，到中国共产党成立 100 年时，使国民经济更加发展，各项制度更加完善；到 21 世纪中叶中华人民共和国成立 100 年时，基本实现现代化，建成富强民主文明的社会主义国家。实践表明，新"三步走"战略的前两步已得到了较好的执行。

---

① 1987 年 4 月，邓小平在会见西班牙客人时，正式提出分"三步走"的战略步骤：我们原定的目标是，第一步在 80 年代翻一番。以 1980 年为基数，当时国民生产总值人均只有 250 美元，翻一番，达到 500 美元。第二步是到 20 世纪末，再翻一番，人均达到 1000 美元。实现这个目标意味着我们进入小康社会，把贫困的中国变成小康的中国。那时国民生产总值超过 1 万亿美元，虽然人均数还很低，但是国家的力量增强了。我们制定的目标更重要的还是第三步，在 21 世纪用 30 年到 50 年再翻两番，大体上达到人均 4000 美元。做到这一步，中国就达到中等发达的水平了。这是我们的雄心壮志。

中央政府也正是在此指导下引领中国经济不断赶超。中国经济总量 1995 年超过西班牙、巴西与加拿大，2000 年超过意大利，2005 年超过法国，2006 年超过英国，2008 年超过德国。2010 年，中国 GDP 总量为 40.1 万亿元人民币（5.88 万亿美元），超过日本的 5.47 万亿美元，仅次于美国，成为世界第二大经济体。2011 年，人均 GDP 达 35083 元（5432 美元）排名世界第 89 位，进入中等收入国家行列。2011 年，农业比重降到 10.1%，工业比重达 46.8%，已从传统的农业国家变为工业国家。同时，中国经济占世界经济的比重从 1978 年的 1.8% 上升到 2017 年的 15%，成为世界经济增长的重要引擎。近五年来，中国经济对世界经济增长的贡献率年均达到 30% 以上。

党的十八大以来，以习近平同志为核心的党中央，将人民群众对美好生活的向往作为党的执政目标，提出实现"两个一百年"的战略构想：到 2020 年在中国共产党成立 100 年时实现第一个百年奋斗目标，中国人民将在全面解决温饱的基础上，普遍过上比较殷实富足的生活，全面建成小康社会；到 21 世纪中叶中华人民共和国成立 100 年时实现第二个百年奋斗目标，中国人均国内生产总值将达到中等发达国家水平，建成富强民主文明和谐的社会主义现代化国家。

党的十九大对 2020 年全面建成小康社会以后，作了两个阶段的战略安排。第一步，从 2020 年到 2035 年，在全面建成小康社会的基础上，再奋斗 15 年，基本实现社会主义现代化，把原来"三步走"战略的奋斗目标提前了 15 年。届时，我国经济实力、科技实力将大幅跃升，跻身创新型国家前列；人民平等参与、平等发展权利得到充分保障，法治国家、法治政府、法治社会基本建成，各方面制度更加完善，国家治理体系和治理能力现代化基本实现；社会文明程度达到新的高度，国家文化软实力显著增强，中华文化影响力更加广泛深入；人民生活更为宽裕，中等收入群体比例明显提高,城乡区域发展差距和居民生活水平差距显著缩小,基本公共服务均等化基本实现,全体人民共同富裕迈出坚实步伐;现代社会治理格局基本形成,社会充满活力又和谐有序;生态环境根本好转,美丽中国目标基本实现。

第二步,从 2035 年到 21 世纪中叶,在基本实现现代化的基础上,再奋斗 15 年,把我国建成富强民主文明和谐美丽的社会主义现代化强国。这个奋斗目标将党的十七大党章中的基本路线表述的奋斗目标增加了"美丽",对应中国特色社会主义事业"五位一体"总体布局的生态文明建设。由此构成"富强"对应经济建设、"民主"对应政治建设、"文明"对应文化建设、"和谐"对应社会建设、"美丽"对应生态文明建设的完整格局,并根据目标任务的变化,将"国家"修改为"强国"。到那时,我国物质文明、政治文明、精神文明、社会文明、生态文明将全面提升,实现国家治理体系和治理能力现代化,成为综合国力和国际影响力领先的国家,全体人民共同富裕基本实现,我国人民将享有更加幸福安康的生活,中华民族将以更加昂扬的姿态屹立于世界民族之林。[①] 经过 40 年的改革开放,中国发展的自信心显著提升,经济总量的赶超已不再是中央政府关注的首要目标,中国经济正从多年来的高速增长、赶超先发国家转向高质量发展,满足人民日益增长的美好生活需要,建设社会主义现代化强国。

二、强国崛起的历史启迪

近代以来,世界经济中心几度转移,纵览世界各国发展的兴衰交替,许多国家正是通过抓住战略机遇期实现赶超,成为世界强国。

---

① 习近平:《决胜全面建成小康社会　夺取新时代中国特色社会主义伟大胜利》,《党的十九大报告辅导读本》,人民出版社 2017 年版,第 28 页。

18 世纪,英国抓住第一次技术革命的机遇,率先建立现代工业体系,从而成为世界霸主,号称"日不落帝国",引领世界发展潮流 200 年。昔日的海上霸主葡萄牙、西班牙却错失良机,一蹶不振,沦为二流国家。

1717 年,普鲁士国王弗里德里希·威廉一世以教育立国,颁布《义务教育规定》,培养出大批高技能劳动者,完成人力资本积累。同时,抓住 18 世纪英国工业革命带来的战略机遇期,及时调整发展战略,在 19 世纪五六十年代从落后的农业国转型为工业国,实现全国统一,后来居上,成为欧洲强国。

美国抓住第二次工业革命的机会,在 1890—1920 年实现了国家治理的转型升级,经过两次世界大战的洗礼,成为一个现代化国家,并逐步取代英国成为世界新霸主。美国成为强国的原因很多,比如其在吸引人才方面首屈一指。美国抓住欧洲移民潮机遇,吸引大批世界顶尖人才。1929 年,奥本海默结束在欧洲留学,回到美国。1930 年,冯·诺依曼乘船横渡大西洋来到普林斯顿。1933 年,爱因斯坦定居普林斯顿。在美国的"曼哈顿计划"中,一大批物理学家费米、玻尔、费曼及吴健雄等参与其中,抢在德国之前造成原子弹,从而改变第二次世界大战格局。第二次世界大战结束后,苏联从德国抢运大批机器设备,美国则搜寻各类科学家,将他们运往美国,为美国抓住新经济条件下技术革命的战略机遇期打下良好的基础。第二次世界大战结束后,得益于成功的人才战略,美国技术再次突飞猛进。

日本、韩国抓住第二次世界大战后的国际环境变化与技术革命战略机遇期,积极引进美国的技术并进行模仿、再创新,经济保持高速增长。1956—1973 年,日本年均经济增速达 9.2%,被誉为"神武景气";1966—1979 年,韩国年均经济增速达 9.1%,创造出"汉江奇迹"

（见表1-1）。

表1-1　世界主要国家变革进程

国家	年份	代表性事件
英国	1869	苏伊士运河开通，工业品销往全世界
德国	1871	普鲁士王朝统一德国，李斯特国家创新系统获采纳
日本	1868	明治维新开始，"搭上欧美技术革命便车"
美国	1861	南北战争结束，抓住欧洲移民潮
中国	1861—1894	洋务运动，"中体西用"失败

资料来源：参考有关资料整理。

　　一个国家的长期落后归根到底是由于技术落后，而不是取决于经济规模大小。中国近代史上落后挨打的根子就是技术落后，教训极其深刻。其实，从东汉到明朝初期，中国的科学技术曾经长达14个世纪一路领先，中国的四大发明曾经成为引领世界科学技术的旗帜。进入近现代以后，由于闭关锁国、故步自封等原因，我们落伍了，与世界科学技术的差距日益加大（见专栏1-1）。与英、美、德、日相比，近代中国落后挨打，根子就在于和历次科技革命失之交臂，导致科技弱、国力弱。中国曾多次错失战略机遇期，中华民族为此付出惨重代价。据统计，在1800年左右，中国GDP占世界GDP总量的比重超过30%，是名副其实的世界第一经济大国。肯尼迪估算1750—1900年世界工业生产的相对份额，中国在1800年所占比重高达33.3%，超过整个欧洲，到1830年还为29.8%，远高于英国的9.5%、美国的2.4%、日本的2.8%和法国的5.2%。

　　但是，18世纪60年代后，英国率先进行第一次工业革命，并扩展到法、美等国，中国仍停留在农业和手工业时代。由于统治者的故步自封和对西方各种"奇技淫巧"的蔑视，走到了由盛到衰的转折点。1820

年,中国 GDP 约为英国的 7 倍,清朝军队有 100 多万人。虽然 GDP 的规模很大,但由于其构成是茶叶、蚕茧、瓷器等,而西方国家的 GDP 构成则是机器设备、坚船利炮,因此在 1840—1842 年的鸦片战争中被英国击败。1870 年中国的 GDP 仍是英国的 1.8 倍,而且大于英法的总和,却依然没能阻止英法联军在 1860 年火烧圆明园。20 世纪初,第二次工业革命时期,我们正忙着推翻满清统治,又被这一轮工业革命甩下。接连错失两次工业革命,使落在后面的中国,上百年不断地挨打,沦为"东亚病夫"。

专栏 1-1　李约瑟难题

英国《独立报》曾评出改变世界的 101 项重大发明。中国仅有五项入选,即造纸术、印刷术、指南针、火药以及算盘。造纸术发明于公元 2 世纪,印刷术发明于公元 10 世纪,指南针发明于公元前 4 世纪,火药发明于公元 7 世纪。算盘最早可以追溯到公元前 6 世纪。可以说,中国在公元 10 世纪以后,就较少有影响人类历史的重大发明了。20 世纪 30 年代,李约瑟在研究中国科技史时提出:尽管中国古代对人类科技发展作出了很多重要贡献,但为什么科学和工业革命没有发生在中国,而是发生在西欧? 1976 年,美国经济学家肯尼思·博尔丁将其称为李约瑟难题。李约瑟认为,主要原因是与中国的科举制度和长期的农业社会有关,中国的官僚体系重农抑商,因而无法把工匠的技艺与学者发明的数学和逻辑推理方法结合。其他解说如下:

1. 产权制度学说:诺斯和托马斯认为,中国在 18 世纪之所以没有爆发工业革命,是因为当时没有建立一套有效保护创新、调动人的积极性的产权制度,主要是没有建立私有制产权。明晰产权有助于降低交易费用,导致市场范围的扩大——分工的深化与技术创新。

2. 资源禀赋差异说:人口和资源禀赋的差异是中国和西欧在 18 世纪后文明分岔,即"李约瑟难题"产生的原因。人口和资源禀赋的差异促进农业和手工业结合,阻碍市场扩大,大量的农村剩余劳动力不能被工业吸收,在相当长的一段时间内,通过近代工业所吸收的劳动力是十分有限的,因此,剩余劳动力只能被农业吸收,限制了技术创新。在稳态的小农经济下,即使产生了一定程度的商品化生产和商品经济,但由于其运行规律和资本主义完全相悖,不可能导致工业革命的发生,这正是中国技术创新由领先变为落后的主要原因。

3. 高水平陷阱说:中国之所以在工业革命前 1000 多年里领先于世界,而后又被欧洲所赶超,是因为中国受到人口众多、资源匮乏的限制。由于中国人口众多,就必须全力发展农业技术,以至于到欧洲工业革命时,中国的农耕技术,包括复种、灌溉、密植、耕种工具的改良等,远远领先于欧洲。但是,农业技术的改进所带来的收益完全被新一轮的人口增长所吞噬,而人口的增长又进一步带动农业技术的改进,如此往复,中国在较高的农业水平上维持了巨大的人口。相反,中国工业的发展却受到了有限资源的约束。

4. 教育制度假说:14 世纪以后技术的发明主要是从科学和实验中得到的,而实验性的发明都是需要专门从事科学研究的科学家来进行(从事自然科学)。中国的激励制度使知识分子无心从事科研,而是将时间和精力都放在科举考试上了。因此,中国的学者没有时间也没有精力进行科学和实验知识的积累,中国的科学研究缺乏人力资本。

三、开启建设现代化强国新征程

国家之争根本是生产力之争,核心是科技创新能力之争。世界发达国家无一例外都是科技强国。诚如兰德公司 1980 年国际形势分析报告提出的,只有技术独立,才有经济独立,才有政治独立。

社会主义新中国在世界上成为有影响力的大国,重要原因就是我们的经济实力和科技水平大幅度提升。据估算,发达国家历史上经济增长最快的时期,一个人终其一生实现的生活水平改善,英国只有56%,美国大约为 1 倍,日本为 10 倍;而中国在 40 年的时间内,就让超过 10 亿人的生活水平增长了 16 倍。正如美国哥伦比亚大学经济学教授杰弗里·萨克斯所说,"在经济领域,中国是一个巨大的成功故事"。

现在,中国正站在一个新的历史起点上,党的十九大为我们全面描绘了未来 30 年的强国宏略,在全面建成小康社会的基础上,中国要成为科技强国、制造强国、质量强国、航天强国、贸易强国、海洋强国等,到2050 年建成富强民主文明和谐美丽的社会主义现代化强国! 美国《世界邮报》曾断言:中国经济未来发展方向,对地球上的每一个人都有潜在影响。18、19 世纪,英、法、德等国崛起,人口是千万级的;20 世纪美、日等国崛起,人口是上亿级的;而 21 世纪中国的崛起,人口是 10 亿级的,比此前崛起的大国人口总和还要多。应该说,近 14 亿人进入工业化中后期是人类历史上前所未有的。到 2020 年,也就是预期实现建成全面小康社会目标的时候,中国的人口与世界上 30 个高收入国家,加上 18 个中高收入国家的人口总和相近,这是人类历史上未曾有过的盛事!

当前,支持中国经济高速增长的基础性因素,包括内生、外生,需求、供给都在悄然发生重大的变化。中国经济正从前 40 年的高速超常规增长转向未来 30 年的中高速高质量发展。过去 200 年的发展表明,追随型国家难以成为主要的经济力量。特定的国情,巨量的需求,决定中国必须走提升自主创新能力、走创新驱动发展的新道路。创新是社会每一个组成部门必须面对的使命,我们必须增强机遇意识和忧患意识,争取在不太长的时间内,确保国家创新能力实现更大幅度的提升,以创新驱动中国迈向社会主义现代化强国。

第二节　学习模仿型企业

在计划经济体制下,资源配置不合理、供给与需求长期不匹配,供给远不能满足需求,"短缺"是当时中国经济的代名词。人民群众日益增长的物质文化需要和落后的社会生产之间的矛盾成为社会主要矛盾。但是,企业由于没有自主权,生产什么,生产多少,完全由政府决定。没有外来的需求压力,企业自然没有创新的动力。

一、供不应求状态下的企业模仿套利

改革开放后,中国逐步从计划经济向市场经济转型,人们压抑多年的需求逐步释放,但供给却依然滞后。对于大多数企业而言,不必为市场需求发愁,只要当市场中出现新的需求时,能够发现和捕捉机会,想方设法满足这些需求,产品生产出来马上就能卖出去。换言之,企业只需秉持要素禀赋,消除市场中的各种信息不对称,不需要进行太多的创新,采摘发达国家成熟技术的"低垂的果实",就能赚到不菲的利润。尤其是在 20 世纪 90 年代,世界上"低垂的果实"太多了,许多企业热衷于模仿和学习。其好处是商品供应充足了,居民购买商品方便了,排队现象消失,社会主义不再是"短缺经济"的代名词。

鉴于中国市场规模非一般国家可比,只要产品适销对路,质量过关,企业均可以获得不菲收益。由此,中国企业数量、规模快速扩大,并逐渐在国际市场中占据重要的地位,赢得"世界工厂"的美誉。这一时期企业的特点可概括为"学习模仿型企业"。近代强国大多有"学习模仿"的经历。美国在18世纪还是一个农业国,通过模仿英国纺织新技术,建立了本国的纺织工业体系,实现了从农业国向工业国的转型。德国统一后在相当长时间内也是学习英国和法国,初期的产品质量低劣,以至于英国议会1887年通过侮辱性的商标法条款,规定所有从德国进口的产品必须注明"Made in Germany",以此将劣质的德国产品与英国产品区分开来。此后,德国发愤图强,经过半个多世纪的努力成为世界制造强国。第二次世界大战后,日本、韩国也是通过学习西方国家的先进技术,分别创造出"神武景气"与"汉江奇迹"。

中国企业在改革开放40年中体现出来的主要特征是学习、模仿、套利,追求规模与速度。与之相适应的是,中国企业普遍对创新重视不足,研发投入远低于同期营业收入和净利润增速,与欧美大企业相比差距较大。汤森路透公布的2015年全球创新企业100强中,日本以40家高居榜首,美国以35家位居次席,中国企业无一上榜。2016年全球创新企业100强中,华为成为中国唯一上榜的企业,但同期美国39家企业,日本34家企业上榜。

中国经济发展进入新时代,已告别短缺的状态,满足人民美好生活需要成为新的主要挑战。"过剩"成为新的难题,仅仅满足于交易套利是不够的,企业必须从模仿、学习转向创新,拼品牌、拼质量。创新驱动、效率驱动与质量驱动成为未来企业发展的主旋律。但是,企业并没有成为技术创新的主导力量,相当一部分企业并没有把技术创新作为赢利的主要手段,而是更多地依靠技术含量低、附加值低的产品来获取利润。中国企业在引领世界的新技术开发上相对落后,很多行业的制高点被高收入国家的企业占据,中国企业在竞争中相对弱势,成为创新型企业任重而道远。

二、学习模仿空间日渐狭窄

模仿—套利机制实质上是"干中学"技术进步的表现形式，即一家企业通过引进设备生产一种产品成熟后，由于市场被先模仿者开发出来，大量的后发企业跟进引进、模仿，进行套利，具体表现为低成本竞争。

中外实证经验表明，在经济发展的"起飞"阶段，由于经济规模小，资源环境等制约相对较小，经济体增长速度相对较快。改革开放初期，中国起点很低，企业通过"干中学"，引进国外先进技术，创造和升级技术，提高生产率，在国际分工体系中以低成本取得快速的增长，实现数量增长，做大了"经济蛋糕"。历史实践表明，"干中学"的技术进步符合经济发展规律，美国、德国、日本等都通过"干中学"的技术进步实现了经济赶超。可以发现，中国高速增长过程伴随着快速的资本积累与技术进步，隐藏在其背后的决定性因素是技术进步的学习效应，避免了发展中代价高昂的试错过程。

随着经济发展和市场的日趋成熟，中国与西方国家经济差距大幅度缩小，企业模仿与套利的空间收窄。消费结构的升级和观念的变化，"学习模仿型企业"及"套利型企业家"的机会越来越少。企业引进技术的难度越来越大，单纯的数量型增长难以为继。理论上，技术差距缩小会导致"干中学"的技术进步收益迅速下降，由于学习存在边际报酬递减的倾向，若不能及时将外生技术转化为内生创新能力，其后发收益将逐步递减为零。在中国向高收入阶段挺进、跨越"中等收入陷阱"的关键时期，驱动中国成为"世界工厂"的动力在衰减，传统红利消失与要素成本攀升，传统产业竞争力在弱化，但新兴产业的竞争力尚未培育形成，经济高速增长态势难以持续，经济增长下行压力加大。

在全球市场上,中国企业已被视为迅速崛起的竞争者,但竞争力不强。怎样使企业从"干中学"的技术进步转向创新是一个亟待解决的大问题。企业如果不能有效转变发展方式,提高创新能力与产品质量,提升产品竞争力,国家的经济增长会转入停滞徘徊甚至倒退,也有可能像拉美国家一样落入"中等收入陷阱"。

三、新常态下的新挑战

2008年国际金融危机以前,出口是拉动中国经济快速发展的重要动能,由于劳动力成本低,中国企业主动"嵌入"全球化,只要引进技术和管理就能迅速转变成生产力,推动经济快速增长。金融危机后,全球总需求不振,中国富余劳动力减少,低成本比较优势也发生了转化,经济增长不得不更多依靠人力资本质量和技术进步,必须让创新成为企业发展引擎。

消费需求方面,中国多年来的消费具有明显的模仿型排浪式特征,企业之间主要是数量扩张和价格竞争。进入新常态后,模仿型排浪式消费阶段基本结束,个性化、多样化消费渐成主流,传统竞争模式正逐步转向质量型、差异化为主的竞争,保证产品质量安全、通过创新供给激活需求的重要性显著上升。

生产能力和产业组织方式方面,长期以来,企业偏爱选择规模扩张、低成本竞争的策略,对技术和人力资源投入不足,愿意持续跟踪模仿,偏重生产技术型的引进,缺乏深度的技术合作,特别是原创型的研发合作,极少下功夫完成技术学习和积累。企业宁愿通过国际采购来满足对原材料、零部件等的需求,而不愿意通过自主研发来完善产业链条。大量中小企业,则忙于来料加工,贴牌生产,没有创新的欲望和冲动,缺少创新的土壤。进入新常态后,传统产业供给能力大幅超出需求,企业兼并重组、生产相对集中不可避免。

上述趋势性变化说明,中国经济正在向形态更高级、分工更复杂、结构更合理的阶段演化。中国必须进行动力切换,果断摒弃不合时宜的发展理念,提高全要素生产率,迈向高质量发展。① 对于中国而言,成为经济强国的唯一途径是创新驱动。建立国家创新体系,以创新驱动引领中国爬坡过坎,从要素、投资驱动的赛道转向创新驱动的赛道,推动大众创业、万众创新,在全球经济"新平庸"的状态下带领中国经济在更高层次上实现再平衡(见专栏1-2)。

客观评价,经过多年努力,中国的科技水平整体上处于从数量积累向质量提升的重要跃升期,一些重要领域跻身世界先进行列。但与主要发达国家相比,自主创新能力特别是原始创新能力仍然是中国的"短板",科技对经济增长的贡献率偏低,重大创新成果较少,制约创新发展的思想观念和深层次体制机制障碍依然存在,创新体系整体效能不高。高层次领军人才和高技能人才十分缺乏,创新型企业家群体亟须发展壮大。

专栏1-2　市场换技术的反思

在改革开放初期,中国经济起飞阶段,由于技术水平的相对滞后,"以市场换技术"进入管理层视野,希望将广阔的国内市场作为对等交换条件,通过向外商出让一部分国内市场把外资吸引进来,从外资中取得我们所需的技术。应该说,40年的改革开放历程表明,"市场换技

---

① 近年来,中国全要素生产率呈现下降的趋势。据测算,"八五"期间,中国全要素生产率达到7.2%,对经济增长的贡献率为58.9%;"九五"时期下降到2.77%,贡献率下降为32.1%;"十五"期间略有上升,为3.67%,贡献率上升为38.3%;进入"十一五"期间后又下降到3.41%,贡献率下降为29.7%。"十二五"期间,全要素生产率的明显下降,反映出中国经济增长仍然主要来源于资本投入,仍属于要素驱动型的粗放型增长模式。

术"初步满足了中国企业对新技术和新设备的需求,助推工业制造能力提升,提高生产力水平。但"市场换技术"是把"双刃剑",其负面影响是显而易见的。由于存在依赖心理,大多数企业放弃了自主学习,不愿意或者没有能力进行技术创新,导致核心技术缺失,没有自主知识产权和品牌,陷入技术上"落后—引进—再落后—再引进"的恶性循环,沦为生产低端产品的"世界工厂"。而所谓的外资企业仅仅是把中国作为加工生产基地,在研发方面投入甚少,中国借此提升技术水平的愿望难以实现。研究表明,由于自主创新能力不强,中国全要素生产率对劳动生产率提高的贡献率在持续下降,从1978—1994年的46.7%下降到2005—2009年的31.8%。

经济全球化时代,一个国家经济发展由低级阶段向高级阶段升级必然伴随着由"导入型经济"向"内生型经济"转变,这一过程实现的重要标志是能正确处理技术引进与创新的关系。当前,中国经济已成为世界第二大经济体,不可能继续依靠技术"引进来"支撑长期经济增长,从某种程度上说,"市场换技术"已经行不通了。再者,部分发达国家对中国经济转型升级亟须的高新技术进行技术封锁,在许多产业的关键环节加强技术外溢管制,并在贸易领域设置技术壁垒,试图使中国在技术上永远充当跟随者的角色。一个国家不可能依靠技术引进从经济大国迈向经济强国,必须重新审视"市场换技术"的发展思路,自主创新才是一国走向强大的关键所在。

第三节　增长竞争型地方政府

地方政府是一个国家政治制度的重要组成部分,不了解前者,就不能了解后者。每个国家只有一个中央政府，却有若干个地方政府。与西方国家不同，中国的地方政府是经济增长的重要推动力量之一。尤其是党的十一届三中全会后，经济发展成为地方政府的首要任务，成为与企业近乎同等重要的经济主体。

一、地方政府之间存在激烈竞争

中国政府实行的是经济上分权、行政上集权的体制，中央或上级政府有权力决定下级政府官员的任命。政府之间横向看是并列关系，纵向看则是上下级关系。改革开放后，中央将工作重心从"以阶级斗争为纲"转向"以经济建设为中心"，将经济发展作为考核官员的重要指标。在中国，无论是省与省之间，还是市与市、县与县之间，因地缘相近、资源禀赋相似，具有很强的可比性，地方政府之间因此开展激烈的竞争。

鉴于GDP的高识别度和可比较性，地方政府之间开展以GDP为核心的高强度激烈竞争。中国地方官员之间为地区的经济产出和税收而竞争。反映到经济领域，对一个地区而言，只有尽力扩大投资需求，争取尽可能多的储蓄供给以提高资本形成规模才符合本地区和地方政府官员自身的经济与政治利益。当一个地区扩大了资本形成规模而其他地区未能扩大时，前者就将在地区经济增长、可支配财政收入、就业等方面获取更大收益，并在下一步的竞争中占据优势地位。其实，不论其他地方政府采取何种策略，参与竞争的地方政府都会有强烈的动机选择尽力刺激当地的投资需求，以免在博弈中处于下风。政府通过廉价供地、税收减免、低价配置资源等方式招商引资，无形中助推了重复建设和产业雷同，也使得辖区发展质量不高，生态环境受到一定程度的破坏。

二、地方政府有推动辖区经济发展的资源及权力

中国特殊的体制设计使得地方官员对辖区经济的发展具有巨大的影响力和控制力。一些最重要的资源,如行政审批、土地征用、贷款担保、各项政策优惠等均掌握在地方政府手中。一方面,地方政府通过征收土地获取各种税费、贷款等即期收入,从而提供更好的基础设施,实现城市的扩张,即所谓的"经营城市"。事实上,基础设施的改善不仅有助于地方实现更快的经济增长,而且基础设施本身就最容易度量,是能有效满足地方官员"政绩"需要的工具。另一方面,地方政府利用低价土地进行招商引资,发展本地工业,培育产业集群,形成具有竞争力的产业体系,这样可以做大 GDP,同时可以带动第三产业的发展和缓解当地就业压力,地方政府还可分享企业成长所带来的远期税收收入。在城镇化与工业化的"双轮驱动"下,土地成为地方政府发展的重要筹码,地方政府利用手中控制的土地批租权,以极低价格甚至白送土地的方式招商引资。

利用对银行资金的直接、间接干预能力,地方政府大力推动能够短期大幅度增加 GDP 的重化工业发展。利用对自然资源的控制和定价权力,大力发展高耗能、高物质消耗、高污染的加工工业。理论上,土地的价格应由市场决定,从而真实反映土地的稀缺程度,这也是保护土地的最有效办法。但实际上,土地使用的决定权在地方政府手中。换言之,土地交易价格由政府控制。这就使得许多土地的使用价格并没有真实反映土地的稀缺程度,为粗放利用土地追求短期 GDP 增长提供了巨大的便利。

三、分税制改革影响深远

财政既是国家治理的重要支柱,也是政府履行职能的重要基础。纵观西方国家发展历程,其国家治理体系的演进与完善,都是以财政制度的不断完善发展为基础的。1978 年改革开放后,中国财政历经多次变迁,先后实行"划分收支、分级包干"的财政管理体制(1978—1984 年)、"划分税种、核定收支、分级包干"的财政体制(1985—1987 年)、"包干"财政体制(1988—1993 年),基本满足了这一阶段经济体制改革的需要。但其带来的负面效应是中央政府财力日渐羸弱,难以充分发挥宏观调控职能。因此,从 1994 年起,中央开始实施分税制。客观评价,1994 年分税制是一次影响深远的制度变革,它扭转了新中国成立后中央与地方财政关系模糊多变的格局,同时深刻改变了地方政府的经济行为。

分税制改革以后,中央财权大幅度提高,地方财权相应下降,进而形成一个巨大的纵向财力差距。1993 年地方财政收入占全部财政收入比重为 78%,分税制后 1994 年迅速降至 44%,此后常年维持在 50% 左右。不过,分税制并未对政府间事权责任进行明晰划分,地方政府事权随经济社会发展及民众诉求的提高而不断扩大,再加上"上级决策,下级干活"等情况的存在,地方特别是基层政府承担了超出其财力范围的事权责任。1980 年地方支出占全部支出比重为 45.7%,2013 年已上升至 85% 左右,提高近 40 个百分点。理论上,中央政府的转移支付有助于地方弥补财力缺口,但受到转移支付以专项居多、均等化转移支付规模偏小等因素制约,地方财力缺口并没有得到根本缓解。没有稳定的财政收入,地方政府的这些目标无从实现。20 世纪 90 年代中期,地方政府非常痛苦与迷惘,全国约有 70% 的县收不抵支。"中央财政喜气洋洋,省级财政稳稳当当,县乡财政哭爹喊娘"是当时的"形象化写照"。于是,县乡政府竭力向农民乱摊派、乱收费,从农民身上"抢钱"成为当时部分地区基层干部的主要任务,这也是干群关系紧张的导火索。因此,如何扩大地方财源,增加地方政府财政收入,成为各级地方政府首要考虑的问题。

分税制改革将全部收入分为中央收入、地方收入及中央与地方共享收入三类。地方政府拥有全部的营业税及分享部分增值税与所得税,成为拥有稳定企业收益分享权的经济主体,自然产生了强烈的增长冲动。现行税制规定营业税、增值税、企业所得税及其有关的城建维护税和教育附加税等大部分税收与辖区企业规模大小、数量多寡有密切的关系。为拥有税源,地方政府自然想方设法扩大项目投资,特别是能带来大额税源的重化工业项目,只要企业开工投产,不管有无赢利,按生产规模,都要向地方缴纳增值税和营业税。

地方政府一方面通过设立开发区、工业园区招商引资,做大 GDP,促进辖区居民就业,但因招商引资需要给予企业一系列优惠条件,短期内对地方税收贡献不大。另一方面,分税制条件下,除车船税外,地方主体税种多与土地及房地产有关。地方主体税种营业税,主要来自建筑业和房地产业。近年来,建筑业与房地产业成为税收增长最快的行业,这与快速的城镇化进程基本一致。地方政府重视城镇化,大力发展建筑业与房地产业,这是符合自身利益的理性选择。许多企业纷纷转向房地产业,结果造成产业结构畸形化、低端化,成为阻挡经济转型升级的"高墙"。过高的房价挤压民众的消费能力,不仅不利于扩大消费需求,反而产生抑制作用,中国被迫走上"非包容性发展"的道路。

四、唯 GDP 式政绩考核的激励错位

自 20 世纪 80 年代中国采用 GDP 代替国民生产总值作为衡量经济发展的重要指标后，GDP 就由简单的经济核算演化成为政治领域晋升与否的重要标尺，上级对下级的考核，主要以 GDP 指标为主，各级官员有了竞争的参照系，GDP 成为考核选拔任用干部的重要尺度。党的十八大以前，政府官员升迁与否通常取决于其任期内的政绩，尤其是经济发展成就更成为首要的考核指标。由此激励政府官员在有限的任期内集中一切资源、千方百计地把辖区经济发展搞上去，生产出更多有利于识别自己政绩的"产品"；换个角度讲，对那些与升迁关系不大，但同等重要的事情可以暂缓考虑。这也是地方政府热衷于经营城市、招商引资、搞开发区，但民生工作进展迟滞的原因所在。

一种难以理解的现象是，虽然中央从 20 世纪 90 年代中期就开始强调转变经济发展方式，从粗放式发展转向内涵式发展，但效果不彰。地方官员为保持辖区经济的相对优势，宁愿保持与兄弟辖区相类似的产业结构而造成重复建设，也不愿选择真正符合本地实际的产业，以免使自己在政治晋升博弈中处于落后地位。重复建设虽然造成产能过剩，对整体经济并无任何益处可言，但地方政府依然乐此不疲，模仿兄弟地区发展模式，选择雷同产业几乎成为大多数地方的发展策略。仅在"十二五"期间，长三角 16 个城市的支柱产业，选择汽车业的有 11 个城市，选择石化业的有 8 个城市，有 12 个城市选择通信产业。在基础建设方面，从江阴至南通 60 千米的长江岸段，共建有 68 个万吨级泊位，平均 0.9 千米就有一个。重复建设影响技术创新，造成资源浪费与产能过剩，无形中阻碍了经济转型升级，高质量发展更是无从谈起。

为了做大 GDP 蛋糕和增加财政收入,地方政府争相采取优惠政策,提供与科学发展背道而驰的招商引资政策。部分地区在中央规定外,自行设立经济开发区、高新技术开发区等,对这些辖区内的企业实行减征、免税;放宽政策审批标准,扩大税收优惠适用对象。部分地区在招商竞争中人为压低土地价格,"零地价"时有发生,劳动力成本被人为压低,劳动者权益得不到保障。当劳方与资方发生矛盾时,政府往往站在资方一边,为招商引资不惜牺牲环境,漠视民众健康,"血铅事件"屡见不鲜,背离了"以人民为中心"的发展理念。

第二章 新征程:从经济大国迈向经济强国

"规模赶超型中央政府+学习模仿型企业+增长竞争型地方政府"的发展模式推动了中国经济高速增长,新型工业化、城镇化、信息化、农业现代化深入发展,人民生活持续改善,成为名副其实的世界经济大国。

第一节 站在新起点上的经济大国

改革开放 40 年来,中国有效解决温饱问题,成功跨越"贫困陷阱",顺利实现各项预定发展目标,进入上中等收入国家行列。

一、经济实力大幅度跃升

经济增长是中国成为经济大国的基础。1978—2017 年,中国经济增长年均增速达到 9.5%,经济总量从 3645.2 亿元上升到 82.7 万亿元,陆续超越多个经济大国,成为仅次于美国的世界第二大经济体、第一大制造业国、第一大贸易国,整体竞争力大幅度提升。中国的人均 GDP 从 1978 年的人均 155 美元,排名全球倒数几位,提升到 2017 年的

8800 美元,人均 GDP 世界排名 70 多位。

分省区看,中国 2016 年 GDP 超过万亿美元的省份已有 25 个,其中广东全省 GDP 1.2 万亿美元,相当于西班牙,可以排在世界各经济体(国家或地区)的第 14 位。江苏、山东也可以排在第 20 位左右。从人均 GDP 来看,天津、上海、北京等九个地区 2016 年人均 GDP 已超过 1 万美元。

1978 年,中国外汇储备仅 1.67 亿美元,居世界第 38 位,人均只有 0.17 美元。2014 年外汇储备最高峰时曾接近 4 万亿美元,截至 2018 年第一季度仍保持在 3.1 万亿美元以上,中国的物质条件显著改善,资金相对充裕。作为占世界人口 1/5 的大国,中国经济发展的巨大成就不仅本身具有世界意义,而且为世界经济带来多重利好。中国已成为世界经济增长的主要动力源。据统计,1978—2017 年,中国实际 GDP 占世界的比重从 1.8% 上升到 15% 以上。国际货币基金组织(IMF)报告显示,2016 年中国对世界经济增长的贡献率达到 33.2%,2017 年的贡献率也在 30% 以上,成为全球经济复苏最主要的拉动力。同时,中国发展给世界各国带来了很多发展机会。一方面,中国的出口为世界市场提供了大量必需品,物美价廉的"中国制造"商品为世界各国居民带来巨大便利;另一方面,作为制造业大国,中国进口大量能源资源和零部件产品,促进了各国相关产业发展。据统计,2001—2011 年中国加入世界贸易组织 10 年中,平均每年进口 7500 亿美元的商品,相当于给贸易伙伴创造了 1400 万个就业岗位。

二、制造业实力显著增强

制造业产值是衡量一个国家经济实力的重要标志。中国积极利用全球资源,主动承接国际产业转移,制造业迅速发展壮大。目前,已成为世界制造业大国。中国是全世界唯一拥有联合国产业分类中全部工业门类的国家,拥有 39 个工业大类、191 个中类、525 个小类,建成了一个举世无双、行业齐全的工业体系,220 多种产品产量居世界第一。2011 年,美国经济咨询机构环球通视公司(IHS Global Insight)的报告指出,2010 年中国制造业占全球制造业的 19.8%,高于美国的 19.4%,位列世界第一。①

三、大国市场规模优势显现

中国拥有 13.9 亿人口的庞大国内市场,能够吸引跨国公司和大批创新者。中国已经将本国产业体系嵌入全球化链条中,本土企业能够同时利用国内国外两个市场,任何一个细分市场都能支撑成千上万个企业的发展,即使相对小众的市场也可以提供大量的创新创业机会和需求,确保其创新能够获得规模经济效应,并能形成集群,增强竞争力。

同时,中国的中等收入阶层规模未来十年将会翻一番,在跨越"中等收入陷阱"后,其市场规模更是令人期待。再者,中国正在实施的新型城镇化战略,将在城市规划、公共交通、绿色技术等领域创造巨大的创新空间,与之相伴生的消费结构和产业结构的升级,基础设施建设、社会事业发展、生态环境保护都蕴含着巨大的市场需求和发展空间,这也是中国的潜在优势。概言之,中国既是世界上最大的生产工厂,也正在成为世界最大的消费市场。庞大的市场规模为迈向经济强国提供了

---

① 瑞士经济史学家贝洛赫研究发现,1850 年左右,英国超过中国成为第一制造业大国。当时,英国生产的生铁、煤炭和纺织品占世界 50%,对外贸易总量超过法、德、美三国总和。1895 年美国又超过英国成为第一制造业大国。在这个过程中,中国第一制造业大国的地位开始动摇,份额从 1830 年的 33.3%,下降到 1860 年的 19.7%,到 1900 年又下降到 6.2%。改革开放后,1990 年中国制造业占全球比重为 2.27%,居世界第九位;2000 年上升至 6%,居世界第四位;2007 年进一步上升至 13.2%,居世界第二位。

有力支撑。

四、科技实力大幅度提升

经过多年发展,中国科技实力显著增强。科技发展实现了由原来的全面跟跑向跟跑、并跑甚至在一些领域领跑的重大转变。载人航天和探月工程、北斗导航系统、新一代高速动车组、"神威—太湖之光""天河"高性能计算、"蛟龙号"载人潜水、深海钻探技术等,都达到了国际领先水平。在未来技术方面,中国在量子通信、量子芯片、量子反常霍尔效应等领域世界领先。在科技部调查的十大领域、1149 项关键技术中,195 项(17%)已经达到国际领先水平,355 项(31%)与国际先进水平同步或相差不大,还有 599 项(52%)与国际先进水平有较大差距。中国技术水平的基本格局从全面跟踪逐步向领跑、并跑和跟跑三者并存转变,成为具有重要影响的科技大国。

长期以来,中国一直是技术引进国、模仿国,直到 2000 年还是世界科技创新小国,发明专利申请量仅占世界的 3.77%,与美国的相对差距为 5.7 倍,与日本的相对差距为 8.1 倍。但中国在技术创新方面不断追赶,仅十几年时间,中国从模仿到创新、从跟随到引领、从制造到智造。2016 年,中国专利申请量达到美国的 2 倍以上,成为世界技术创新之国,也成为世界知识产权(包括商标、品牌等)资产上升的动力之国。统计数据显示,2016 年全国发明专利申请受理量为 133.9 万件,比 2015 年增长 21.5%,继续居世界第一位;每万人口发明专利拥有量达到 8 件,比 2015 年增长 27.0%。同时,中国技术创新方面的积累存量也实现了质的飞跃——"国内有效发明专利拥有量"首次突破百万件,达 110.3 万件,继美国和日本之后成为世界上第三个国内发明专利拥有量超过百万件的国家。按照当前的发展速度,"十三五"时期中国可能超过美国、日本，跃居世界第一。①

　　企业创新能力不断提高。中国企业研发支出占全社会研发支出比重超过75%，成为研发和创新的主力军，涌现出华为、华大基因、阿里巴巴等一批有较强创新能力的领军企业。尤其是在互联网行业，各种创新举措快速涌现，在电子商务和互联网金融等领域，已出现一批原始创新和颠覆性创新，毫不逊于发达国家。② 在工程机械、交通设备等重大装备制造业领域，中国的集成创新能力显著增强，开始进入国际中高端市场。在生物技术和新能源等新兴技术领域，原始创新能力崭露头角，技术创新和商业模式创新大量涌现。

五、贸易大国地位确立

　　改革开放后，中国开放的大门越开越大，深度融入全球经济，拓展全方位的开放格局。尤其是加入WTO后，中国享受了多年的全球化红利，2001—2008年出口年均增长高达24.4%。2001—2008年，货物和服务净出口对经济增长的贡献为11.5%。1981年，中国占世界商品出口总量的约1%，2000年增至4%，2017年提高至12.8%。

　　利用外资方面，自1993年以来，中国吸引外资规模一直位居发展中国家首位，逐步成为全球跨国投资主要目的地之一。截至2016年年底，中国累计吸引外资超过1.77万亿美元。外资促进中国的技术进步、产业升级和市场竞争，在中国经济发展和深化改革进程中发挥了积

---

　　① 美国从1790年实施专利法至今已有228年历史，日本从1879年实施专利法至今已有139年的历史，中国是从1985年正式实施专利法，仅有30多年的时间。

　　② 中国多年来一直追随着硅谷的足迹，但在智能手机逐渐普及之后，中国移动互联网技术已在全球处于领先地位。《纽约时报》报道说，Facebook在Messenger应用中植入约车和支付功能，Facebook与Twitter推出了视频直播服务，这些技术已率先在中国市场成功运用。

极的促进作用。对外投资方面,2016 年,中国非金融类对外直接投资额同比增长 44.1%,首次跨过万亿元大关,直接推动了相关国家和地区的经济发展和就业。预计未来 5 年,中国进出口总额将达到 8 万亿美元,利用外资总额将达到 6000 亿美元,对外投资总额将达到 7500 亿美元,出境旅游将达到 7 亿人次,为世界带来更多的发展机遇。

六、大国人才资源优势明显

中国是世界公认的人力资源大国。截至 2015 年年底,全国人才资源总量达到 1.75 亿人,人才资源总量占人力资源总量的比例达到 15.5%。人才对中国经济增长的促进作用日益凸显。人力资本投资占国内生产总值比例达到 15.8%,比 2010 年上升 3.8 个百分点;人才贡献率达到 33.5%,比 2010 年上升 6.9 个百分点。每万劳动力中研发人员达到 48.5 人,主要劳动年龄人口受过高等教育的比例达到 16.9%,高技能人才占技能劳动者的比例达到 27.3%。据人社部统计,中国高校毕业生 2014 年达到 727 万,2015 年达到 765 万,2016 年达到 795 万,2017 年达到 820 万。其中,工程类应届毕业大学生的规模在 200 万左右;科学家和技术人员的数量,从国外留学回国的学生和人才都在逐年增加。根据世界银行统计,中国研发人员在 2011 年超过美国,2015 年研发人员超过 535 万,位居世界第一。

第二节　中国离经济强国有多远

经过多年的持续高速增长,中国已成长为仅次于美国的世界第二大经济体。但大多数人认为,中国并不是一个经济强国。有研究认为,成为世界经济强国，必须具备四大条件：一是拥有一批具有自主知识产权、能够占据世界技术制高点的产业核心技术；二是拥有一批具有国际竞争优势的企业和企业集团；三是具有较强的国际投资、经营和贸易的能力；四是拥有一批具有国际竞争优势的一流技术、管理人才和享有国际影响力的产品品牌。① 笔者对在国家行政学院学习的厅局级领导干部进行了问卷调查，共收到有效答卷 227 份，其中既有来自中央部委的学员，也有来自东中西不同地区的学员，具有较强的代表性。② 调查主要发现如下：

一、中国应适时提出迈向"经济强国"的目标

作为一个经济大国，中国是否应该适时提出建设"经济强国"的战略目标？调查表明，超过八成（83%）的学员支持提出这一目标。主要理由如下：我国已经是经济大国，但是大而不强，快而不优，大≠强，胖≠壮。经济大而不强，必出问题；成为第二大经济体后，不进则退。因此，迈向经济强国是中国成为经济大国后的必然选择，既是提升国家综合核心竞争力的客观需要，也是中国实现现代化的必由之路。有学员提出，经济是基础，经济强大是其他方面强大的基础。经济发展其他方面才会有保障。没有强大的经济基础，在国际上就很难有话语权。

但同时有 13.4% 的学员提出，不应该提出"经济强国"的目标。部分学员提出，中国在很长一段时期还将处于发展中国家行列，人均GDP 太低，在全球竞争中不具有优势，时机不成熟。现在提出"经济强国"目标过早，容易暴露目标。口号并不重要，没有必要喊在嘴上，脚踏实地地做就行了。只做不说为好，干出来再说。要长期努力，水到渠

① 李寿生：《企业创新方法论》，机械工业出版社 2016 年版，第 5 页。
② 本项调查完成于 2014 年。

成。应继续韬光养晦,防止"中国威胁论"与人为"大跃进"。另有3.6%的学员选择说不清。

二、中国迈向经济强国的优势、压力与障碍

中国迈向经济强国具有哪些优势? 96.9%的学员认为,经济多年高速增长,综合国力显著提升是我们的最大优势。82.8%的学员表示,中国开放型经济格局已经形成。77.1%的学员认为,中国科技创新能力明显增强。在65.6%的学员看来,中国具有一般国家不可比拟的领导优势。人口素质大幅度提升也是中国拥有的重要优势之一,大约61.2%的学员选择这一选项。43.6%的学员认为,中国的军事实力明显提高。36.6%的学员提出,中国的文化影响力在不断加大。

另有学员补充提出,人口多、市场大,内需潜力巨大;创业、创新文化的逐渐形成;中国的大国情结,吃苦精神及历史上曾经的辉煌;人民实现强国梦的共同愿景等都是中国迈向经济强国的重要优势。

中国迈向经济强国面临外部压力最大的有哪些? 85.6%的学员认为,国际格局分化调整带来的新挑战是中国迈向经济强国面临的主要压力,选择这一选项的学员达83.3%。美国主导制定 TPP、TTIP 等新贸易规则对中国构成了一定的压力,80.2%的学员对此表示认同。64.8%的学员表示,全球市场需求增速放缓,外部市场萎缩是中国面临的主要压力之一。55.5%的学员认为,发达国家所谓"修昔底德陷阱"式的猜忌也会对中国发展带来压力。43.2%的学员表示,信息化与网络化挑战中国,网络安全受制于人。贸易摩擦增多也是中国面临的主要压力,26%的学员选择该选项。全球气候变化也对中国带来一定的压力,23.4%的学员对此表示认同。另有13.7%的学员认为,国际社会

要求中国承担责任增多也是我们不得不面对的压力。

中国迈向经济强国,国内面临的主要障碍有哪些?调查反映出厅局级学员对于生态环境高度重视,80.2%的学员认为,资源环境约束突出,生态环境日益恶化是中国迈向经济强国的最主要障碍。收入差距过大也是主要障碍之一,71.8%的学员表示,收入分配差距过大,社会矛盾不断加剧。67.8%的学员认为,城乡与区域发展不平衡、不合理。自主创新能力不强也是主要障碍之一,67.4%的学员选择此项。在48.9%的学员看来,既得利益集团占有大量资源,造成资源难以合理配置。36.6%的学员提出,政府权力过大且缺乏监督与约束。36.6%的学员认为是教育制度落后。其他选项还有:35.3%的学员认为中国经济发展水平较低;22.9%的学员认为就业压力加大,阶层日益固化;18.9%的学员表示,腐败问题难以遏制。

三、迈向经济强国必须推动经济转型升级

经济转型升级是迈向经济强国的基础。高达93.8%的学员认为企业创新能力不足,科技成果转化率低是中国经济转型升级面临的主要问题。88.1%的学员认为,中国经济发展过度依赖投资,消费需求无法有效启动。而在83.3%的学员看来,产业结构调整缓慢,难以形成新的经济增长点。78%的学员认为,追求数量扩张和高速度、忽视节约资源和保护环境。另有67%的学员表示,地方政府公司化、短期化行为严重。33.9%的学员认为,中国经济的内外失衡已成为需要关注的问题。31.7%的学员提出,财税金融支持经济转型升级力度不足,科学性、合理性欠佳。部分学员补充提出,市场体系建设不健全,活力不足;科技创新与风险投资与知识产权保护不到位;民营经济发展不强大等都导致经济转型升级知易行难。

促进经济转型升级迈向经济强国,在经济领域亟须推进哪些改革?74.5%的学员认为财税体制改革是首要的基础性改革,是国家治理的基础和重要支柱,亟须优先推进。73.6%的学员认为,金融体制改革非常重要,经济强国大多是金融强国。72.7%的学员认为,垄断行业改革滞后,已经成为我国经济转型升级的重要梗阻,必须加大改革力度。其他学员关注程度较高的改革依次是:城乡体制改革(67.8%);科技体制改革(65.6%);国有企业改革(60.4%);土地制度改革(57.7%)。学员补充提出,迈向经济强国必须注重保护知识产权,鼓励创新。健全市场体系,建立覆盖全国的诚信系统。加强引导性机制建设,建立健全更加科学、更能有效激励的考核体系。

四、创新驱动引领中国迈向经济强国

创新能力是决定一国是否为经济强国的重要指标。调查发现,仅有24%的学员认为,我国创新能力已经较高,但他们同时认为,中国创新能力与经济强国依然存在较大差距。75.1%的学员认为,中国的创新能力较低,与中国目前的国际地位极不相称,亟待提升。0.9%的学员选择说不清。

影响中国迈向创新强国面临的主要障碍在哪里?65.2%的学员提出,传统的教育体制无法培养出符合需要的创新型人才。59.5%的学员认为缺乏自主创新的文化和土壤。51.1%的学员认为,企业缺乏对知识产权的有效保护。48%的学员提出,中国人耐不住寂寞,政府、企业、研究机构急功近利的心态严重。47.1%的学员认为,企业缺乏承担创新失败的风险分担机制。28.2%的学员认为,企业缺乏必要的财税政策和融资方面的支持。

当问及如何实施创新驱动发展战略时?72.3%的学员建议让市场

成为配置创新资源的决定性力量。64.3%的学员提出应该营造鼓励创新的政策环境。59%的学员提出要建设高素质的创新人才队伍。41.4%的学员建议强化知识产权保护。23.8%的学员建议大力发挥金融对创新的支撑作用。20.7%的学员认为应该提高研发经费占GDP比重，尽快达到经济强国的投入水平。

五、迈向经济强国应培育世界一流企业

世界经济发展史表明，经济强国大多拥有大批世界级企业。中国企业在走向世界的过程中面临哪些困难呢？76.7%的学员认为，中国缺乏优秀的国际化企业人才。73.6%的学员认为，国外政治环境不稳定是影响中国企业走向世界的重要掣肘。65.6%的学员认为，国际市场的贸易壁垒及准入限制对中国企业走向世界形成"挤压"。58.6%的学员表示，国内管理模式难以复制，到国外也制约了中国企业走向世界。51.5%的学员认为，中国企业不了解国外法律和市场。43.2%的学员认为缺乏合适的销售渠道和品牌知名度。文化冲突也是不可忽视的因素之一，40.1%的学员选择这一选项。

中国应如何培养真正意义上的世界级企业？76.2%的学员选择提高自主创新能力。57.3%的学员提出应放宽非公有制经济的市场准入，贯彻平等准入、公平待遇的原则。55.5%的学员建议打破垄断，促进体现公平竞争。52.9%的学员提出应着力清除市场壁垒，提高资源配置效率。48.9%的学员建议健全多层次资本市场体系，推动资本市场双向开放。另有32.6%的学员表示，加大支持国内企业"走出去"的力度，如提高境外投资审批规则的透明度和审批程序的规范性。28.6%的学员表示，改造传统的商业文化，营造培育世界级企业家的"生态环境"。

六、推进政府治理现代化,迈向经济强国

政府治理的现代化是迈向经济强国的重要保障。超过八成(81.1%)的学员认为,目前的政府职能与迈向经济强国的要求不相匹配,政府与市场的关系依然没有处理好,政府职能越位、错位、缺位等问题没有从根本上解决。10.6%的学员认为,政府职能与迈向经济强国的要求相匹配,中国经济社会发展取得成就已有力地说明了这一点。另有8.3%的学员选择说不清。

转变政府职能应在哪些方面有所突破? 87.2%的学员建议简政放权,深化行政审批制度改革,取消和下放行政审批事项,激发企业和市场活力。69.2%的学员建议进一步推进政企分开、政事分开、政资分开和政社分开。62.6%的学员提出应完善政府决策的社会参与机制,提高决策的科学化、民主化水平。57.7%的学员建议推进依法行政,全面清理不合时宜的行政法规和规章。56.8%的学员表示,应该完善政府绩效评估体系,加大行政问责与绩效考核力度。43.6%的学员认为应推进政府层级扁平化,全面推进省管县和乡财县管进程,减少行政层级。33.9%的学员提出,改革地方行政管理体制,转变各级政府"上下一般粗"的格局。30.4%的学员建议控制政府支出,降低行政成本,建设节约型政府。21.2%的学员认为应继续推进大部门制改革。

第三节 国内的主要掣肘

中国经济发展正进入速度变化、结构优化和动力转换的新常态,低

成本比较优势正在逐步削弱,既有增长模式已走到尽头。① 无论是中央政府、企业还是地方政府都面临矛盾叠加、风险隐患增多的巨大挑战。新起点上的中国正遭遇"成长的烦恼",如果继续倚重粗放的发展方式,"后发优势"就会转变为"后发劣势",落入"中等收入陷阱",难以成为经济强国(见专栏2-1)。

专栏2-1 迈向强国的"中等收入陷阱"之坎

从世界范围来看,从要素驱动、投资驱动向创新驱动跨越并不容易。国际上公认的成功跨越"中等收入陷阱"的国家和地区有十多个,但就比较大规模的经济体而言,仅有日本和韩国实现了由低收入国家向高收入国家的转换。拉美和东南亚地区部分国家陷入"中等收入陷阱"。拉美地区的33个经济体中,属于4000美元至12000美元的上中等收入国家阶段的有28个。这些国家长期在高收入国家行列外徘徊,至今已四十多年了。拉美地区许多国家,虽然经过了二三十年的努力,几经反复,但一直没能跨过1万美元的门槛。还有一些国家收入水平虽然在提高,但始终难以缩小与高收入国家的鸿沟,如马来西亚1980年人均国内生产总值为1812美元,到2008年仅达到8209美元,2016年为9000美元左右。

为什么发展水平和条件十分相近的国家,会出现两种不同的发展命运?落入陷阱的原因是多方面的。在政治和社会层面,社会阶层间流动不畅,土地等稀有要素市场化程度不足,统治阶层中利益集团阻碍改革等。在经济层面,突出表现为创新能力不足,难以克服技术创新"瓶颈",找不到产业升级突破口,在国际产业链分工中长期得不到提

---

① 低成本模式:一是不利于创新;二是制约收入,影响居民消费能力,导致内需不足;三是进入产业门槛不高,诱发恶性竞争。

升。许多国家在进入中等收入阶段后，低成本优势逐步丧失，在低端市场难以与低收入国家竞争，但在中高端市场则由于研发能力和人力资本条件制约，又难以与高收入国家抗衡，在这种上下挤压的环境中，很容易失去增长动力而导致经济增长停滞。

日本和韩国是成功突破"中等收入陷阱"的优等生。日本人均GDP 1972 年接近 3000 美元，1976 年接近 5000 美元，到 1984 年，日本人均 GDP 突破 1 万美元。韩国 1980 年人均 GDP 是 1645 美元，到 1983 年为 2074 美元，但 1995 年韩国人均 GDP 就已达到了 11469 美元。从日本、韩国等国的经验看，最根本的是较为成功地实现了经济发展模式转型，特别是从"模仿"到自主创新的转换。

应该说，中国经济增长的"追赶窗口"正在收敛，比以往任何时候都需要通过创新来提升国家竞争力，摆脱陷入"中等收入陷阱"的风险，重构国家竞争优势。

一、经济结构严重失衡

新常态下，中国发展不平衡、不协调、不可持续的矛盾依然突出，结构性失衡严重，主要表现在以下三个方面：

其一，实体经济结构供需失衡。应该说，中国供给体系产能已很大，但大而不强，大而不优，仅能满足中低端需求，供给结构已不适应需求结构的变化。传统产业产能过剩，制造业中资源密集型产业比重过大，钢铁、电解铝、平板玻璃、水泥等传统行业产能过剩矛盾十分突出。改革开放至今，中国居民的消费需求已从排浪式模仿型消费转向个性化、多样化、定制化消费，尤其是人口结构正在发生重大变化，劳动年龄人口减少，老年人口增多，中等收入群体扩大，对于产品质量的要求显著提升。供给水平低下导致消费需求外溢，中国居民境外采购电饭锅、奶粉、化妆品、智能马桶盖等日用品已成为"新常态"。

其二，实体经济与金融失衡。实体经济是中国立国之本，也是中国参与国际竞争不可多得的比较优势。近年来，随着成本上升及需求变化，中国实体经济赢利水平大幅度下降，发展面临诸多困难。据统计，2016年全国企业500强中，制造企业260家，占比52%，净利润仅占17.1%，33家金融机构的净利润占比却高达56.8%。由于回报率低，大量制造业企业纷纷投向金融、房地产等领域，增加的货币很多没有进入实体经济领域，而是在金融系统自我循环，出现严重的"脱实向虚"现象。实体经济是国家的本钱，中国要成为世界强国必须发展制造业尤其是先进制造业，包括金融业在内的服务业，其发展的基础也是制造业。第三产业超过制造业，是由于制造业发达，才能发展生活性、生产性服务业，才能避免经济"空心化"。形象的说法是，服务业是毛，实体经济是皮。笔者认为，中国坚持高质量发展，建设现代化经济体系的重点在制造业，难点在制造业，出路也在制造业。

其三，房地产与实体经济失衡。其实，房地产原本属于实体经济，由于缺乏投资机会，再加上土地、金融、财税改革滞后，城镇化规划及政策执行不力，大量资金涌入房地产市场，进而带动一、二线城市房地产价格飙涨。房地产领域的高收益进一步刺激资金脱实向虚，许多地方因此患上"房地产依赖症"，实体经济成本进一步被推高。破解经济结构失衡难题，必须使实体经济平均投资回报率不明显低于虚拟经济。短期来看，一方面，应积极推进供给侧结构性改革，降低企业税费成本，改善金融、信贷、交通运输服务，降低实体经济融资、物流成本，增强长期可持续发展的基础。另一方面，重新认识定位房地产市场，坚持"房子是用来住的，不是用来炒的"理念，建立房地产市场健康发展的长效机制，遏制投机炒作，促进资源和利润在不同行业间的合理分配。长期来看,一国的经济结构与其科技创新能力、人才队伍水平密切相关。没有科技创新能力的大幅提升,就难以真正完成经济结构的调整和发展方式的转变。解决中国发展中的问题必须依靠创新驱动,以创新促使经济发展动力从传统增长点转向新的增长点。

二、农业发展喜中有忧

民以食为天,农业是经济的基础和命脉。改革开放以来的中国农业发展成就举世瞩目,粮食产量实现"十二连增",有效地保障了全体人民生活水平的提升。但是,随着世情、国情、农情的变化,工业化、城镇化加快推进及全面建成小康社会目标的临近,尤其是实行乡村振兴战略,对农业发展提出更高的要求。中国农业发展存在的隐患如下:

一是农业产业竞争力不强。与发达国家相比,中国农产品没有竞争优势,与欠发达国家相比,中国的比较优势逐步丧失,重要农产品的对外依存度较高,产业安全堪忧。农业劳动生产率较低,仅相当于国内第二产业的1/8、第三产业的1/4左右,发达国家农业的2%。二是农产品供求失衡。当前粮食高产量、高库存、高进口并存,生产结构不能适应市场的需求结构,其中大豆最突出。三是农民增收动力不足。中国农村居民收入虽然稳步提高,由于种田的收益在逐年下降,农民收入增幅已经低于 GDP 增速。四是资源环境承载能力已达极限。中国虽然拥有全球7%的耕地,但化肥和农药使用量是全球总量的35%。农业面源污染已经成为环境治理的重点领域。

三、制造业大而不强

联合国工业发展组织指出,工业是经济增长的发动机,是技术创新的承担者,是现代服务业发展的动力源,也是企业现代化的催化剂,同时，还是经济国际化的带动者。从某种意义上说，世界工业化的历程，实际上就是工业引领经济、催生科技、改善民生、驱动发展的历史。纵观近现代史，发达国家都是靠工业起家，在工业高度发达的基础上，进而构建起一流的现代服务业和现代农业。发达国家之所以强大，主要是因为工业强大；落后国家之所以落后，主要是因为工业落后。

成为世界经济强国必须首先成为世界制造强国。一般说来，世界制造强国具有以下特征：在国际产业分工中具有较高地位；拥有雄厚的产业规模；产业结构合理；拥有良好的质量效益；拥有持续的发展能力；具有较好的发展潜力。但是，必须承认，中国虽然是世界制造大国，但并不是世界制造强国（见专栏2-2）。

专栏2-2 瑞士制造的启示

瑞士地处欧洲内陆，没有1千米的海岸线，不仅不在交通枢纽地区，而且山多。国土面积4万多平方千米，人口约770万。人均GDP达到8万多美元。瑞士根据自己的区位优势和资源禀赋，有意识地选择发展方向。搞精工制造：成功规避了在大工业时代的运输成本劣势。

一火车煤从亚尔萨斯运到法兰克福去炼钢，收益远不如从伯尔尼背一麻袋钟表到巴黎。一柄瑞士产的工具刀，重157克，定价700元人民币，具备34种功能。大号刀片、小号刀片、开塞钻、开罐起、螺丝刀、起盖器、金属丝剥离口、钻孔器、钥匙环、镊子、牙签、穿孔眼、多头扳手、六角螺丝起、刀头插置器、大小型号螺丝起、原珠笔、装开关用具、别针、钳子、螺丝剪、折弯器、剪刀、多功能钩，等等。

一是自主创新能力不强。中国企业关键核心技术缺失，技术对外依存度高。产业发展需要的高端装备、核心芯片、控制系统、关键材料等大多依赖进口，距离自主可控尚有较大差距。工信部报告显示，目前,中国大约95%的高档数控系统、80%的芯片、几乎全部的高档液压件和密封件都需要进口。其中,一些产品还被发达国家列入限制对中国出口的清单。比如,工程机械是中国具有国际竞争优势的重大装备之一,但大型工程机械所需要的30MPa以上高压泵、阀、马达及控制系统、高性能发动机几乎全部进口。中国造船完工量连续三年位居世界第一,但船舶动力系统及装置进口比例约为54%、电子电气设备约为60%、舱室设备约为80%、通信导航与自动化系统约为90%。再如,中国已成为全球第一大机器人市场,但在减速器、控制器等领域关键技术久攻不克,国产核心部件在稳定性、寿命、精度、噪声控制等方面仍存在巨大差距,不得不靠进口,严重阻滞国内机器人产业的发展。瑞士ABB、日本安川电机、日本发那科、德国库卡"四大家族"占据了全球约60%的机器人市场份额。蔡惟慈(2017)认为,在"中国制造2025"所部署的五大工程中,各地普遍存在着智能制造热、工业强基冷、创新驱动难的现象,在机械工业由大到强的进程中,创新能力弱和基础不强仍然是主要制约因素。

二是产品整体质量水平不高。很多工业产品在质量安全性、稳定性和一致性等方面与国外产品差距明显,难以跟上居民消费需求升级的步伐,直接影响到"中国制造"的整体形象和国际竞争力。2016年,消费品国家监督抽查总体不合格率达8.9%,出口商品长期处于国外通报召回问题产品数量首位。因质量问题每年造成直接损失超过2000亿元,间接损失超过万亿元。

三是劳动生产率偏低。中国产业工人技能素质总体不高、结构不合理、技术工人总量不足。劳动生产率显著低于发达经济体,仅相当于美国的19.8%、日本的21.3%、德国的24.8%,中国的制造业并没有效率优势。据统计,中国初级工、中级工占比达到73%,高级技工数量占比不到4%,高技能人才比重远低于西方发达国家特别是一些制造业强国30%—40%的水平;74%的农民工为初中及以下文化程度,六成以上没有接受过非农职业技能培训;在非公有制企业、小微企业,技术工人更是严重匮乏。

四是资源利用效率低。中国单位国内生产总值(GDP)能耗约为世界平均水平的2倍。比如,造纸行业大部分企业吨浆纸综合能耗平均约为1.38吨标准煤,国际先进水平为0.9—1.1吨标准煤。建立在廉价劳动力和大量资源能源消耗基础上的国家竞争优势面临严峻考验。

四、服务业发展相对滞后

当前,服务业已经成为支撑发展的重要动力、价值创造的主要源泉和国际竞争的主战场,服务业占主导地位是各国进入工业化中后期的重要特征。总体上看,中国服务业发展整体水平不高,服务业增加值比重仍然偏低。中国2017年服务业的比重为51.6%,与发达国家74%的平均水平相比相差20多个百分点,也显著低于上中等收入国家57%的平均水平。必须指出,中国服务业规模占比有差距其实只是表面现象,中国服务业"质"上的差距也较大。服务业质量和效益不高,服务供给创新与需求升级步伐不同步,生产性服务业发展明显滞后,生活性服务业有效供给不足。中国服务业产业政策仍存在"政策好、落实难"和政策不适应行业等特点,仍存在不同程度的进入壁垒和垄断现象,如银行、电信、保险、会展、传媒等。虽然近年来政府出台多项促进服务业发展政策,但企业并没有享受到"政策红利"。传统服务业领域,企业的诚信度、服务质量等方面缺乏规范,一些行业问题不断出现,消费者难以找到满意的服务产品,服务业整体上处于国际分工中低端环节,服务贸易逆差规模较大。仅在 2017 年,中国对美国的服务贸易逆差就超过500 多亿美元。

五、人口红利渐行渐远

改革开放初期,中国根据自身的资源禀赋和比较优势,选择了要素驱动和投资驱动的发展模式,引进技术和管理就能迅速转化成生产力。相对低廉的土地、劳动力等要素支撑了经济快速增长,学术界称为"发展红利",如"人口红利"①、全球化红利、成本红利②和体制转轨红利③等。这是与中国国情和发展阶段相适应的现实选择,在实践上也取得了成功,并成为一些发展中国家学习的样板。

长期以来,劳动力成本低廉无疑是中国的比较优势。从 1982 年到2011 年,中国适龄劳动人口占比从 61.5% 上升至 74.4%,总抚养比从62.6% 下降至 34.4%,充沛的劳动力供给和低抚养比形成的高储蓄率为我国形成了具有生产性的人口结构,从而为中国经济增长提供了持续 30 余年的"人口红利"。

但是,这种"红利"正在发生变化,中国正逐步进入老龄化社会,与世界上许多其他国家一样,中国人口正在加速老龄化。据国家发改委等机构预测,中国劳动年龄人口(15—59 岁)2016—2025 年将从 9 亿级

---

① 1997 年,一些外国学者首次提出"人口红利"(Demographic Bonus)概念。1998 年开始,"人口红利"被联合国人口基金会在每年出版的《世界人口现状》中正式使用,也逐渐为国际社会所认同。所谓"人口红利",是指一国在生育高峰过后,度过艰难的高少儿抚养比阶段之后,会出现一个高劳动力人口比的阶段,在这一阶段,尚未为自己的衰迈做任何防御的青壮年劳动大军十分庞大,但却没有对少儿或者老人过重的赡养负担,他们可以给经济增长带来所谓的"人口红利"。有研究显示,在 1970—1995 年,东亚的高速经济增长中,人口红利因素的贡献比率在 1/3—1/2。

② 成本红利指的是中国相对低廉的土地成本、劳动力成本及环境保护成本等。

③ 体制转轨红利指的是中国经济体制领域的改革或调整,如建立社会主义市场经济体制、分税制。

降为 8 亿级左右,老龄化趋势明显。同时,较低人口抚养负担形成的人口红利逐步减弱,2020 年总抚养比将提高至 43.48%。比 2010 年上升 9.28 个百分点。

"人口红利"渐行渐远在经济上的含义是:劳动力供给增速下降、劳动力成本提升、居民消费率上升、储蓄率下降,进而导致投资率和资本形成的下降。靠"人口红利"、廉价劳动力促进经济增长的模式在中国已经走到尽头。20 世纪 80 年代,中国人均月工资 400 元,现在已达到 3000 元以上。据测算,国内制造业人工成本分别为泰国、菲律宾、印度尼西亚的 1.5 倍、2.5 倍和 3.5 倍。波士顿研究报告显示,中国制造业对美国的成本优势已经由 2004 年的 14%下降到 2014 年的 4%,表明在美国生产只比在中国生产贵 4%。经济学人智库预测,到 2019 年,中国制造业每小时劳动力成本与越南和印度的数据之比分别从 2012 年的 147%和 138%上升至 177%和 218%。

当劳动力成本的比较优势丧失后,劳动力供求关系开始朝着"刘易斯拐点"发生全面性、趋势性变化,"中国制造"的比较优势不再明显,中国的国际竞争力在弱化,必须寻找新的经济增长动力。我们需要在维持原有优势的同时,抓紧迈向创新驱动,让产业结构调整更多地建立在知识、技术等复杂和高级要素上,培育出新的竞争优势。

六、资源环境约束加剧

中国在成为世界经济大国的同时付出了大量消耗资源和过度透支环境的代价。中国工业化、城镇化还将经历一个较长时期,随着经济规模继续扩大,人力、土地、资源、环境成本不断提高,资源和环境压力日益加剧,资源与环境约束将进一步强化,依靠投资和出口拉动、大量消耗资源能源的经济增长模式难以为继,迫切要求加快转变传统的发展模式。

必须看到,中国并非"地大物博",而是"地大物薄"。若以人均拥有量来衡量,中国煤炭人均拥有量相当于世界平均水平的50%,淡水、森林资源人均拥有量仅为世界平均水平的28%、25%,石油、铁矿石、铜等重要矿产资源的人均可采储量分别为世界人均水平的7.7%、17%、17%。中国铁矿石、原油的对外依存度均超过50%,铜精矿和铝土矿对外依存度分别超过60%和40%,天然气超过20%,其中铁矿石进口由于卖方处于垄断地位,进口价格长期受制于人,经济代价很大。

耕地方面,联合国粮农组织(FAO)统计,世界耕地面积约为130.64亿公顷,人均耕地面积约为0.225公顷。但中国的耕地面积只有12208.38万公顷,人均仅0.1公顷,只有世界平均水平的2/5。如果以中国的人均耕地面积为"1"个单位,那么印度为2.3、法国为4.2、美国为9.3、俄罗斯为11.8、加拿大为20.4、澳大利亚为35.6。

中国正处于工业化和城镇化快速发展的时期。从世界先发国家的经验来看,这一时期也是能源消耗上升、污染排放加大的阶段。对石油、水资源、钢材、水泥、有色金属等资源的消耗居于世界前列,不仅远远高于发达国家和地区,也均远大于世界平均水平(见表2-1)。据测算,每产出1万美元GDP,中国需消耗的石油、水资源、钢材和水泥分别是世界平均水平的3倍、4倍、6.8倍和11.6倍。

表2-1 2015年世界主要国家能源消耗情况

	GDP占世界份额(%)	消耗煤炭占世界份额(%)	消耗石油占世界份额(%)	一次能源消耗总量占世界份额(%)
中国	14.8	50.0	12.9	22.9
美国	24.3	10.3	19.7	17.3
日本	5.9	3.1	4.4	3.4
德国	4.5	2.0	2.5	

资料来源:2016年《BP世界能源统计年鉴》。

中国消耗了世界 1/2 的煤、1/4 的一次性能源，明显高于 GDP 占世界 1/7 的比重。长期以来的粗放式增长给中国持续、健康发展带来压力，生态环境约束不断强化。苏联的经济规模一度达到美国的 70%，但突然崩溃了，原因之一在于其单位 GDP 的资源消耗是美国的 3—5 倍，在 20 世纪 80 年代同美国的竞争中处于劣势。亚洲各国在增长很快的情况下突然遭遇危机，根本原因也在于经济增长的粗放。

中国人均 GDP 刚超过 8800 美元，若按照现有的能耗水平，跨越"中等收入陷阱"后，其能耗将更为惊人。据专家估计，按照目前的资源消耗能力，如果中国经济总量达到美国水平，则将消耗全球 124% 的原煤、120% 的铁矿石、108% 的钢材、160% 的水泥、100% 的氧化铝。中国很多地区的环境容量已接近饱和，以现有的环境承载支持传统的发展方式不可持续，难以为继。鉴于中国已探明的石油、天然气资源储量相对不足，以煤为主的能源结构在未来相当长时期内难以改变，相对落后的煤炭生产方式和消费方式，加大了环境保护的压力。

自 1993 年开始成为石油净进口国以来，中国石油对外依存度逐年提高，2007 年全年中国的石油进口量已经达到 1.968 亿吨，进口依存度已达到 50%。2016 年进一步上升到 3.8 亿吨，对外依存度突破了 60%，2017 年原油进口量则突破 4 亿吨，进口依存度接近 67%。近年来，中国能源资源保障的战略风险在加大。长期进口能源的中东、北非等地区政治形势不稳定，对中国的能源安全带来较大影响。能源问题，不仅已成为中国经济发展的"瓶颈"，也成为影响国家经济安全的重要因素。

从生态环境约束看，过去生态环境空间相对较大，现在环境承载能力已经达到或接近上限，主要污染物排放量超过了环境承载能力，化学需氧量和二氧化硫排放量规模很大，主要江河湖泊水质恶化，环境污染通过空气、土壤、食物直接威胁人民群众的健康甚至生命安全。全国600多个城市中，有400多个城市缺水，其中110个严重缺水。全国约70%的城市不能达到新的环境空气质量标准，17个省（自治区、直辖市）的6亿左右人口受雾霾天气影响。2016年，全国338个城市中，仅有84个达标，占比不足1/4。PM2.5、PM10浓度平均超标34.3%、17.1%。酸雨面积已经占到国土面积的1/3，而且强度和范围还在不断加大；水土流失面积3.6亿公顷，占国土面积38%；沙漠化面积17亿公顷，占国土面积18.2%，受影响人口4亿；90%以上的天然草原退化；部分地区水体污染严重，导致局部地区公共危机。中国的环境退化等所造成的成本已经接近GDP的10%。长期下去将严重超出生态环境的承受极限。研究表明，由于环境污染和生态破坏，过去的20年每年造成的经济损失相当于GDP的7%—20%。

世界发达水平人口全部加起来是10亿人左右，而中国有近14亿人，全部进入现代化，那就意味着世界发达水平人口要翻一番多。不能想象我们能够以现有发达水平人口消耗资源的方式来生产生活，那全球现有资源都给我们也不够用！中国特色社会主义进入新时代，中国经济发展也进入新时代，我们既面临赶超跨越的难得历史机遇，也面临差距进一步拉大的风险。西方发达国家用200多年走"串联式"发展过程，但中国必须走工业化、信息化、城镇化、农业现代化等同步发展、叠加发展"并联式"发展的道路，机遇和挑战前所未有。中国亟须加快从要素驱动、投资规模驱动发展为主转向以创新驱动发展为主。如果这一转变能顺利推进，则中国经济发展将步入良性发展轨道，顺利推动中国从经济大国成为经济强国；反之，将会错失重要的战略机遇期，延迟中华民族伟大复兴。

第四节　来自外部的挑战

在迈向经济强国的新征程中，中国所处的国际环境越发复杂，外部风险增多。全球竞争已从经济竞争、产业竞争转移到科技进步和创新能力的竞争、人才的竞争。我们必须深刻认识这些变化带来的挑战，顺应大势，抓住机会，有效应对各种风险及挑战。

一、世界经济复苏缓慢

2008 年国际金融危机以来，世界经济复苏乏力、低速增长，仍处于深度调整阶段。全球范围内有效需求不足，各国宏观经济政策趋向保守，世界经济发展面临多重风险和挑战。2008—2016 年，世界经济平均增速 3.4%，货物贸易增长下降至 2.8%，跨国直接投资由 1.9 万亿美元降至 1.52 万亿美元。2017 年世界经济增速 3.7%，其中发达经济体增速为 2.3%，新兴市场和发展中经济体增速为 4.7%。

分"板块"来看，自美国特朗普上台后，其经济政策大幅度转向，对全球经济复苏带来重大不利影响。一方面，扩大基础设施、减税等措施将提振美国经济，但受到美国债务可持续性问题制约，加之特朗普主张"雇美国人，买美国货"，美国经济增长对全球经济和贸易的拉动作用将进一步走弱；另一方面，特朗普对外经济政策趋向保守，贸易保护主义抬头，不利于全球经济复苏。美联储加息将推动美元升值，给全球经济带来下行压力。欧元区英国脱欧对国际金融市场和全球经济带来的影响仍在持续。欧洲民粹主义兴起，反欧元党派势力扩大。欧元区经济将低水平缓慢复苏。新兴经济体受要素禀赋、经济结构与治理能力影响,对世界经济拉动作用不如危机前强劲。特别是随着资源、能源价格大幅度下跌,依靠出口原油等资源维持国内经济运行的模式已经难以为继。如俄罗斯 2016 年经济增长-0.8%、巴西经济增长-3.6%。总的来看,世界经济复苏面临的不稳定不确定因素依然很多,世界经济形势日益错综复杂,主要经济体政策调整及外溢效应带来变数,保护主义加剧,地缘政治风险上升,这对中国经济发展带来一定影响。

二、全球化与逆全球化深度博弈

鉴于全球经济低迷、复苏乏力,国与国之间经贸摩擦加剧,全球化对西方发达国家经济、政治、社会带来的负面冲击日益显现。"逆全球化"在西方社会逐步兴起并蔓延,民粹主义兴起,贸易保护主义抬头,投资壁垒日益增多,国际经贸规则面临重塑,深刻影响人才、技术、资本等生产要素的流动路径。全球生产网络和分工体系正在重构。

2016 年,英国公投脱欧,成为欧洲最大的"黑天鹅",2017 年的议会选举导致英国出现"悬浮议会",脱欧谈判可能持续数年。美国总统特朗普上台后,立即退出跨太平洋伙伴关系协议(TPP),还威胁退出世界贸易组织(WTO)。德、法、意等欧盟大国内部民粹主义日益高涨。美欧从全球化的主要推动者,正在演变为逆全球化暗流的主要策源地。但是,应该看到,在新一轮科技革命和产业变革的大背景下,全球化进程仍在推进,某种意义上讲是大势所趋、不可逆转。① 可以预见,在未来相当长一段时期,全球化和逆全球化两股力量的冲突、碰撞和博弈不可避免。各国必须探索出一条新的全球化发展道路。

---

① 2017 年 1 月,习近平总书记在达沃斯世界经济论坛年会上指出,经济全球化确实带来了新问题,但也不能把经济全球化一棍子打死,而是要适应和引导好经济全球化、消解经济全球化的负面影响,让其更好地惠及每个国家和民族。

应该看到,发达国家在贸易、技术标准、知识产权、文化等方面仍占据优势地位,随着中国贸易地位的提升,贸易摩擦日益常态化。发达国家对中国采取反倾销、反补贴、特殊保障条款和技术壁垒等贸易保护措施,并对人民币升值施加压力。这对中国企业"走出去"、提高国际竞争力提出了更高的要求。

三、新一轮科技革命与产业变革蓄势待发

中国迈向经济强国面临的一个宏大而深刻的历史背景是世界范围内新一轮科技革命和产业变革的孕育兴起。2008 年以来的国际金融危机,不仅具有传统意义上周期性危机的特征,更多地表现出结构性危机的特点,加快催生了新一轮科技革命和产业变革的步伐,一些重要科学问题和关键核心技术呈现出革命性突破的先兆。科学技术从微观到宏观各个尺度向纵深演进,物质科学不断向宏观、微观和极端条件拓展,生命科学走向精确化、可再造和可调控。

新兴学科不断涌现,学科交叉融合加速,基础研究、应用研究、技术开发和产业化边界日趋模糊,群体跃进的态势日益明显。以信息技术为引领的技术群加快突破、交叉融合,信息网络、先进制造、人工智能、虚拟现实、量子科学、清洁能源、新材料、生物技术等新技术日新月异。传统意义上的基础研究、应用研究、技术开发和产业化的边界日趋模糊,科技创新链条更加灵巧,技术更新和成果转化更加快捷,产业更新换代加快。

围绕新能源、气候变化、空间、海洋开发的技术创新更加密集;绿色制造、低碳经济等新兴技术和新兴产业蓬勃兴起;生命科学、生物技术带动形成庞大的健康、现代农业、生物能源、生物制造、环保等产业。互联网开源软硬件技术平台等面向大众普及和开放,推动了创新创业成

本和门槛大幅降低,创新创业日趋活跃。颠覆性创新不断涌现,以智能、绿色、泛在为特征的群体性技术突破,催生新经济、新产业、新业态与新模式;个性化、多样化、定制化的新兴消费需求成为主流,智能化、小型化、专业化的产业组织新特征日益明显,将给人们的生产方式和生活方式带来革命性影响。

新工业革命为工业特别是制造业及其相关服务业转变生产过程和商业模式、推动中长期经济增长提供了新机遇。新一轮科技革命与产业变革和中国从经济大国迈向经济强国形成历史性交汇,为中国迎头赶上提供了机遇。因此,一定要科学预见和高度重视颠覆性技术带来的变革性影响,加强战略前沿领域的前瞻部署,实现从跟跑向并行、领跑的战略性转变,避免与发达国家的差距再次拉大。

四、国家间创新竞争日趋激烈

当前,创新要素在全球范围内的流动空前活跃、重组不断加快。创新要素流动到哪里、向哪里聚集,哪里就可能成为全球新的产业和经济制高点。全球创新创业进入高度密集活跃期,创新模式发生重大变化,创新活动的网络化、全球化特征更加突出。全球创新版图正在加速重构,创新多极化趋势日益明显。面对新变化、新趋势,世界主要国家纷纷瞄向创新,将创新提升到国家发展的战略核心层面,将创新驱动作为提振本国经济的重要砝码,希望通过创新推动发展方式转变,以抢占未来国际竞争制高点。

2009 年美国实施《美国创新战略:推动可持续增长和高质量就业》,将创新作为巩固国家战略优势的关键。2011 年又出台《创新战略:确保经济增长与繁荣》,2014 年制定《振兴美国制造业和创新法案》,2015 年又发布新版《国家创新战略》,实现了国家创新驱动发展战略的快速迭代。2016 年,美国研发投入达 4900 多亿美元,占全球研发总投入的近 30%,研发强度达 2.77%。美国力图建立金字塔型创新体系,高层在清洁能源、生物技术、空间技术等关键领域进行突破;中层培育有利于创新的环境,包括进行专利制度改革,激活创新、创业等;底层则是夯实创新基础,包括提高科学、技术、工程、数学质量,实施"国家无线网络计划"等。① 特朗普上台后设立白宫"美国创新办公室",重点关注"技术和数据",将接受大型科技公司 CEO 如苹果公司库克、微软公司比尔·盖茨、特斯拉公司创始人马斯克等的建议,成为政府与商界及学术界沟通的渠道。

　　金融危机后,欧洲确立精明增长、可持续增长和包容性增长三大重点,着力打造"数字欧洲"和"资源效率型欧洲"。2010 年提出《欧洲2020 战略》,规划未来十年发展蓝图。《欧洲 2020 战略》要求,增加研发投入,把研发经费占欧盟国内生产总值的比重从 1.9% 提高到 3%,并提出发展以知识和创新为主的智能经济目标。德国启动高科技战略行动,每年投入 40 亿欧元,重点支持气候与能源、健康与营养、交通、安全和通信五大领域。2014 年颁布《高技术战略——创新为德国》,实施"工业 4.0 战略",支持工业领域新一代革命性技术的研发与创新。德国希望通过建设信息物理系统网络,将集成软件、传感器和通信系统连接虚拟与现实世界,实现人、设备与产品的实时连通、相互识别和有效交流。围绕"智能工厂"与"智能生产"两大主题。实现生产由集中向

---

　　① 美国前总统奥巴马提出"激发国人的创新精神是我们制胜未来的基石"。他说:"没有人能够断定下一个龙头行业是什么,或者新的就业岗位会来自哪里——就像 30 年前,我们不会知道,这个叫因特网的家伙会带来经济革命。我们能做的——这也正是美国人民比别人好的地方,就是加强美国人民的创造力和想象力。记住!美国发明了汽车和电脑;美国拥有爱迪生和莱特兄弟;美国创造了谷歌和脸谱。在美国,创新不仅仅改变了我们的生活,更为重要的是,这是我们赖以谋生的方式。"

分散转变,规模效应不再是工业生产的关键因素;产品由趋同向个性转变,未来产品更多的是个性化生产;客户导向向客户全程参与转变,客户广泛、实时参与生产和价值创造的全过程。最终目标是建立一个高度灵活的个性化和数字化的产品与服务的生产模式。继续引领制造业潮流,成为最具竞争力的国家之一。

亚洲的日本确立了"再生战略",试图打破"产业链内循环、技术中心主义"思维,促进产业结构从"器物制造型"向"价值创造型"转换。日本在 2009 年提出"2020 增长战略",计划在 2020 年 R&D 支出占GDP 的比例达 4%,并在信息通信、节能环保、生物工程、宇宙和海洋开发等领域取得突破。韩国实施《新增长动力规划及发展战略》,重点发展能源与环境、新兴信息技术、生物产业等六大产业及太阳能电池、海洋生物燃料、绿色汽车等 22 个重点方向。

发达国家的"再工业化"将对全球科技经济格局产生深远影响。全球竞争已从经济竞争、产业竞争转移到科技进步和创新能力的竞争、人才的竞争。应清醒地认识到,世界上国家之间在政治、军事、经济领域中的竞争,归根结底是民族创造力的竞争,是国家创新能力的竞争。创新驱动不仅为经济增长提供着不竭动力,更成为各国实现经济再平衡、打造国家竞争新优势的重要抓手。所有这些迫使我们必须尽快转入创新驱动的发展轨道,把科技创新潜力更好地释放出来。

五、发达国家再工业化与后发国家追赶

在经济全球化浪潮的影响下,美国等发达国家将传统的制造业、高新技术产业中的生产制造环节,甚至部分低端服务业大规模向外转移,特别是转向有成本优势、资源优势、市场潜力和产业配套能力强的新兴市场地区。许多发展中国家被动纳入由发达国家跨国公司所主导的全

球分工体系和生产链条中。改革开放后，中国赶上全球产业与贸易分工体系重组的浪潮，全面融入全球经济体系。

国际金融危机后发达国家反思这种"脱实向虚"的发展模式，纷纷启动"再工业化"，大力发展实体经济。美国先后出台《重振制造业政策框架》《制造业促进法案》《先进制造业伙伴计划》等，美国"再工业化"的本质是要扭转产业空心化势头，重塑美国制造业竞争优势，掌控全球制造业分工体系主导权，继续保持全球经济霸权。法国制定"新工业法国"计划，力求通过实施再工业化，用 10 年时间重返全球工业第一梯队。德国通过建设信息物理系统（CPS），构建网络化协同设计和制造体系，推广个性化定制模式，加快制造业向智能化转型。①

为促进制造业与信息技术产业融合、创造新产业、提升制造业竞争力，韩国 2014 年 6 月推出《制造业创新 3.0 战略》，2015 年 3 月公布《制造业创新 3.0 战略实施方案》，大力发展无人机、智能汽车、机器人、智能可穿戴设备、智能医疗等 13 个新兴产业。计划在 2020 年之前打造 10000 个智能生产工厂，将韩国 20 人以上工厂总量中的 1/3 都改造为智能工厂。到 2024 年制造业出口额达到 1 万亿美元，竞争力进入全球前 4 名，超越日本，仅次于中国、美国和德国。

印度、越南等国家与中国经济结构有一定的同质性，国际金融危机后，这些国家凭借资源、劳动力等比较优势，在中低端制造业上发力，大力承接国际产业转移。印度莫迪上台后制定了"印度制造"战略，出台一系列吸引外资的政策，致力于打造新的"世界工厂"。英国《金融时报》的研究显示，印度已成为全球最大绿地投资目的地。

---

① 由于要素成本不断上升，经济结构失衡及环境恶化。有人提出，中国应该"去工业化"，主要发展服务业。近年来，生产要素从制造业领域抽离，向金融、房地产等行业过度集聚，加剧经济转型升级的痛苦，这种倾向值得关注。

当前,中国正向产业链条的中高端迈进,与发达国家的分工关系将从当前的垂直分工转为垂直分工与水平分工并存,从互补转为互补与竞争并存。发达国家再工业化与在中高端制造领域强化技术领先优势,推动信息技术与制造技术的融合发展,以大幅提高生产效率并降低生产成本,重塑制造业竞争力,对中国发展先进制造业形成堵截之势。发展中国家凭借低成本优势争夺中低端制造业,对中国传统制造业形成追赶之势。只有依靠创新,中国才能突破重围,抢占新一轮产业竞争制高点。

第三章 创新驱动:迈向经济强国的战略支撑

在世界强国竞争日趋激烈和中国发展动力转换的形势下,我们必须把发展基点放在创新上,紧紧抓住和用好新一轮科技革命和产业变革的机遇,把创新驱动发展作为面向未来的一项重大战略落到实处,塑造更多依靠创新驱动、更多发挥先发优势的引领型发展。唯有如此,中国才能真正从经济大国成为经济强国。

第一节 创新与创新驱动

创新是依靠知识资本、人力资本和激励创新制度等无形要素实现要素的新组合,创造出新的增长要素。它不仅可以通过创新解决长期增长中的要素报酬递减和稀缺资源制约问题,而且为经济持续稳定增长提供可能,同时还能使我们在日益激烈的国际竞争中占据优势地位。创新驱动的经济增长是比集约型增长方式更高层次、更高水平的增长。

一、创新研究的演进

在《辞海》中，"创新"的"创"是"始造之也"，是首创、创始之义；新：初次出现，与旧相对；才、刚之义。具体而言有三层含义：一是抛开旧的，创造新的；二是在现有的基础上改进更新；三是指创造性、新意。《魏书》（卷六十二）中有"革弊创新者，先皇之志也"。① 此处创新的含义主要是指制度方面的变革、革新和改造，并不包括科学技术的创新。著名历史学家斯塔夫里阿诺斯编纂的《全球通史》写道，"如果没有创新力量的推动，人类仍在用同样的材料建造房屋，用同样的牲畜驮运自己的行李，用同样的帆和桨推动船，用同样的纺织品制作衣服，用同样的蜡烛和火炬照明"。正是由于创新，世界发生了翻天覆地的震撼变化。

在西方学术界，创新研究已有 100 多年的历史。美籍奥地利经济学家熊彼特（J.A.Sehumpeter）是最早研究创新的经济学家。他在 1912 年出版的《经济发展理论》一书中，将创新定义为企业家对生产要素执行的新组合。在熊彼特看来，所谓创新就是要"建立一种新的生产函数"，即"生产要素的重新组合"，就是要把一种从来没有的关于生产要素和生产条件的"新组合"引进生产体系中去，以实现对生产要素或生产条件的"新组合"。这种"创新"或生产要素的新组合具有五种情况：一是生产新的产品，即产品创新；二是采用一种新的生产方法即工艺创新或生产技术创新；三是开辟一个新的市场，即市场创新；四是获得一种原料或半成品的新供给来源，即材料创新；五是实行一种新的企业组织形式即组织管理创新。按照熊彼特的理解，创新是一个从最初的研

---

① 《魏书》的作者是北齐史学家魏收，其生活年代为公元 505—572 年。

究开发到成果转化到产业化，最后获得市场成功的过程。因此，从这个层面上讲，创新是一个经济概念，而非一个科学或技术概念。①

受熊彼特的启发，很多学者关注和跟踪创新研究。经济学家库兹涅茨（Kuznets）认为，知识和技术的创新是任何重大经济增长的前提。但是在现代的经济增长中，这种创新的频率显然快得多了，并且为速度更高的总体增长提供了基础。技术史学家莫克尔进一步强调创造与创新的互补关系：没有创造，创新最终会减速甚至停滞；没有创新，创造就失去了关注的目标，并且缺乏追求新理念的经济动力。管理学大师德鲁克（P.F.Drucker）认为："创新并非必须在技术方面"，"创新的行动就是赋予资源以创造财富的能力"。德鲁克认为创新有两种：一种是技术创新，它在自然界中为某种自然物找到新的应用，并赋予新的经济价值；另一种是社会创新，它在经济与社会中创造一种新的管理机构、管理方式或管理手段，从而在资源配置中取得很大的经济价值与社会价值。

联合国经合组织（OECD）2000年在《学习型经济中的城市与区域发展》报告中提出："创新的涵义比发明创造更为深刻，它必须考虑在经济上的运用，实现其潜在的经济价值。只有当发明创造引入到经济领域，它才成为创新。"2004年美国国家竞争力委员会向政府提交的《创新美国》计划中提出："创新是把感悟和技术转化为能够创造新的市值、驱动经济增长和提高生活标准的新的产品、新的过程与方法和新的服务。"这实际上确认了"创新"在社会经济发展中极其重要的地位

---

① 科学（Science）是人类基于好奇心和求知欲，对自然界客观规律的探索和新知识的发现，如相对论、牛顿力学等。技术（Technology）是利用现有事物形成新事物或者改变现有事物功能或性能的方法和手段，如从白炽灯到日光灯再到半导体照明的发明、升级和演进。创新（Innovation）是一个新的想法或新的发明变成商业化成果的过程，其任务在于创造价值。

和作用。

2016 年 9 月,G20 杭州峰会通过的《二十国集团创新增长蓝图》对创新进行了更为全面的阐释:创新是指在技术、产品或流程中体现的新的和能创造价值的理念。创新包括推出新的或明显改进的产品、商品或服务,源自创意和技术进步的工艺流程,在商业实践、生产方式或对外关系中采用的新的营销或组织方式。创新涵盖了以科技创新为核心的广泛领域,是推动全球可持续发展的主要动力之一,在诸多领域发挥着重要作用,包括促进经济增长、就业、创业和结构性改革,提高生产力和竞争力,为民众提供更好的服务并应对全球性挑战。

美国风险投资专家彼得·蒂尔发现,人类进步呈现两种方式:第一种是水平进步,也称广泛进步,意思是照搬已经取得的经验——直接从 1 跨越到 N;第二种是垂直进步,也称深入进步,意思是探索新道路——从 0 到 1 的进步。做我们已经知道的事是把世界从 1 推向 N,复制一个模式比创造一个新模式容易得多。但是,每一次我们创造新东西的时候,就是从 0 到 1。从 0 到 1 实质上是颠覆式创新,而前者则是渐进创新。① 世界经济论坛(WEF)创始人兼执行主席克劳斯·施瓦布认为,创新将成为区分国家的新标准,一个经济体要想在未来实现繁荣,创新就显得尤为关键。在施瓦布看来,未来"发达"和"欠发达"国家之间的传统界限将逐步消失。相反,我们会更多地使用"创新丰富"和"创新贫乏"这样的标准来区分这些国家。诺贝尔经济学奖获得者格里高利·克拉克在研究世界经济史的过程中得出,"决定人类穷与富的命运,不是剥削、地理因素或天然资源,文化才是决定因素"。这

---

① 国内学者钱颖一提出,从 0 到 1 的进步当然非常重要,同时也不要忽视从 1 到 N。尤其是在中国,由于 N 非常之大,它们带来的社会价值远远超过了之前的"从 0 到 1"。因此,可将其称为"有创新的从 1 到 N"。

一结论，而且认为创新是现代经济增长的唯一原因（克拉克，2009）。2006 年诺贝尔经济学奖获得者埃德蒙·菲尔普斯认为，以经济标准来衡量的话，创新就是新的思维框架，新产品。

二、创新的分类

笔者认为，创新是一个经济学概念，而不是单纯的技术概念，或者说创新是技术与经济结合的概念。创新是技术成果向产品化、商品化不断演变的过程，同时是一种不断追求卓越、追求进步、追求发展的理念、态度和习惯。经济发展的主要源泉是创新，没有创新，只会有经济增长，而绝没有经济发展。广义地说，创新是指一切具有创造性的变革，涉及人类活动的所有领域。创新可分为三大类：一是生产力范畴的创新（知识创新、技术创新）；二是生产关系范畴的创新（管理创新、体制创新）；三是上层建筑范畴的创新（观念创新、理念创新）。

从内容角度来看，创新可以分为产品创新和工艺创新。产品创新是指技术上有变化的产品（或服务）的商业化。既可以是全新产品，如世界上首次出现的飞机、汽车、贝尔公司发明的电话和半导体晶体管、美国无线电公司发明的电视机等，也可以是已有产品的更新换代，如Windows 操作系统的升级换代。工艺创新，也称为过程创新，是指一种新的产品（或服务）生产技术、工艺流程或生产方法的采用。可以是全新的工艺，如福特公司的流水生产线、现代计算机集成制造系统等。

从有无角度看，创新分为原始型创新和学习型创新。[①] 原始型创新是指前沿技术的产业化，从无到有。这种创新能够在较长时间内获得超额利润，但前期研发投入大，需要很强的技术实力和经济实力。学

---

① 陈元志、谭文柱：《创新驱动发展战略的理论与实践》，人民出版社 2014 年版，第 4 页。

习型创新则是以引进技术、消化吸收改进为主。这种创新节约了前期开发成本，但核心技术并不在自己手中，容易陷入"引进—落后—再引进—再落后"的怪圈。

从创新速率角度看，创新可分为渐进式创新和颠覆式创新。渐进式创新是渐进的、连续不断的小创新，主要是对已有技术的改造和现有产品的改良。如福特T型轿车就是典型的渐进式创新案例。颠覆式创新也称为突破性创新和激进性创新，是指那些在技术原理和观念上有重大突破和转变的创新。一般都是有组织的研究开发活动的产物，往往要经历很长时间，投入大量资金。颠覆式创新的发生往往伴随着产品创新、过程创新和组织创新等连锁反应，甚至引起产业结构的变化。

三、创新驱动

创新驱动是从主要依靠技术的学习和模仿，转向主要依靠自主设计、研发和发明，以及知识的生产和创造，是推动经济增长的动力和引擎（刘志彪，2011）。迈克尔·波特将"创新驱动"定义为企业具有创造力和持续创新的原动力，从而形成强大的产业竞争力，驱使和推动经济发展。创新驱动的主体是国家，国家的创新管理转变经济增长方式，企业是技术创新的主体，企业的技术创新对经济增长作出主要贡献，是国家宏观创新管理的对象。

笔者认为，中国式创新驱动是指创新驱动主要依靠科技进步、不再依靠传统的土地、资源、劳动力等初级要素实现发展，而是体现资源节约和环境友好的要求，以知识和人才为依托，以创新为主要驱动力，以发展拥有自主知识产权的新技术和新产品为着力点，以创新产业为标志。其特点是物质资源消耗少、经济增长质量高、生态环境绿色化、持续发展能力强。

通过创新驱动实现"六大转变"：发展方式从以规模扩张为主导的粗放式增长向以质量效益为主导的可持续发展转变；发展要素从传统要素主导发展向创新要素主导发展转变；产业分工从价值链中低端向价值链中高端转变；创新能力从"跟踪、并行、领跑"并存、"跟踪"为主向"并行""领跑"为主转变；资源配置从以研发环节为主向产业链、创新链、资金链统筹配置转变；创新群体从以科技人员的"小众"为主向"小众"与大众创新创业互动转变。这六大转变是衡量我们是否转入创新驱动轨道的重要标志。

四、经济发展的四个阶段

美国管理学家、战略学家迈克尔·波特将一个国家或地区的经济发展划分为要素驱动、投资驱动、创新驱动和财富驱动四个阶段。其中前三个阶段是国家竞争优势发展的主要力量，通常会带来经济上的繁荣，第四个阶段则是经济上的转折点，有可能因此而走下坡路。

（一）**要素驱动阶段**（Factor-driven）

要素驱动阶段经济增长的基础是依靠土地、资本、劳动力等生产要素的大量投入，类似于资源禀赋理论。该阶段对健康廉价的劳动力、适合农作物生长的自然环境、自然资源等依赖程度较高。在要素驱动阶段，具有竞争力的主导型产业是煤炭、石油等资源密集或劳动密集型产业。后发国家最初参与国际竞争大多具有要素驱动的特点，即售卖资源，发挥劳动力比较优势，具有明显的粗放型增长方式的特征。

（二）**投资驱动阶段**（Investment-driven）

投资驱动阶段主要靠大规模投资来促进经济增长。企业通过投资等手段获得先进技术，更新设备，扩大规模，进入高附加值产业环节，提高产品的竞争力。企业吸收、改良技术的能力较要素驱动阶段有显著提高。在这一阶段,具有竞争优势的主导型产业是钢铁、制造等重化工业。该阶段是粗放型向集约型增长的过渡阶段,兼具大规模要素投入和全要素生产率提高的特征。按波特的标准,只有少数发展中国家在这一阶段取得成功,日本和韩国是典型的代表。

(三)创新驱动阶段(Innovation-driven)

创新驱动阶段主要依靠知识创造和应用,提高企业自主创新能力,驱动经济长期、稳定增长,竞争优势主要来源于企业的创新。全民教育素质的不断提高,人力资本投资的持续增加,高效的产品及要素市场,良好的创新生态系统和创新文化是创新驱动增长的基础。创新不仅仅表现在技术领域,在制度、组织、体系、环境等多个方面也应具有较强的创新能力,企业更多地依靠自主创新建立技术或产品的差异,并在国际市场形成一定的竞争优势。信息技术、新能源、生物医药等技术密集型产业占据主导地位。该阶段知识和创意等创新要素代替自然资源和有形的劳动生产率成为财富创造和经济增长的主要源泉和动力,经济增长表现出典型集约型增长方式的特征,它消除了经济发展中普遍存在的要素报酬递减、稀缺资源及负外部性等制约因素,从而为经济持续稳定增长提供了可能。

当一个国家或地区发展到创新阶段后,"脑力""创意"密集型产业会逐渐取代"土地""劳动力"密集型产业在国民经济中的地位,并且其呈现的创新状态是:有锐不可当的竞争力出现,各种产业和产业环节中的竞争开始深化与扩大,而且具有竞争力的新产业也在相关产业中产生。企业除了改善国外技术和生产方式外,本身也有创造力的表现,企业也能持续创新,它们的创新能力又形成其他新产业出现的原动力(迈克尔·波特,2002)。

进入创新驱动阶段的显著特点之一是,高水平的服务业占据越来越高的国际地位,这是产业竞争优势不断增强的反映。英国在 19 世纪上半叶就进入创新驱动阶段,美国、德国、瑞典在 20 世纪上半叶,日本、意大利到 20 世纪 70 年代进入这一阶段。

(四)财富驱动阶段(Wealth-driven)

在财富驱动阶段,产业升级到相对较高的水平,产业竞争依赖于已获得的财富,金融、房地产等行业挤占大量的社会财富,商务成本大幅度上升,实业投资和创新行为受到冷落,产业竞争能力逐渐衰弱。企业乐于通过资本运作减少竞争来增强企业运营的稳定性,这反而削弱了企业的创新力,并不能从根本上增强企业的竞争优势。这一阶段产业的创新、竞争意识和竞争能力都会出现明显下降的现象,经济缺乏强有力的推动,企业更注重保持地位而不是进一步增强竞争力。一国进入财富驱动阶段后,产业竞争力开始走下坡路,逐渐衰退。

财富驱动阶段是产业国际竞争力衰落的时期,其驱动力是已获得的财富。投资者的目标从资本积累转变为资本保值,长期的产业投资不足是财富驱动阶段的突出表现。此阶段的经济目标主要是提高社会福利,而为了支撑庞大的社会福利制度的运作,政府往往采取高税率措施。美国、英国等在 20 世纪 80 年代以后开始进入这一阶段。

根据经济学一般原理和先发国家的实践,经济增长呈现出阶段性的特点,在不同的经济增长阶段,经济增长的动力各不相同。从表 3-1 可见,在要素驱动阶段,要素投入贡献率高达 60%,创新的贡献率仅为 5%。进入创新驱动阶段后,创新的贡献率上升到 30%,而要素投入的贡献率下降到 20%。在四个阶段中,前三个阶段尤其是创新驱动阶段是保持国家竞争优势的主要力量,创新驱动阶段越长,通常会带来越久的经济繁荣。

表 3-1 　不同阶段不同要素的贡献率　　　　　　（单位:%）

	要素投入的贡献	提高效率的贡献	创新的贡献
要素驱动阶段	60	35	5
投资驱动阶段	40	50	10
创新驱动阶段	20	50	30

资料来源:The Global Competitiveness Report,World Economic Forum,2013。

20 世纪以来,世界许多国家的发展印证了波特的理论。创新对于经济增长的贡献及对于国家的重要性受到越来越多国家的重视。尤其是进入 21 世纪以后,随着经济全球化的深入推进,国际竞争的加剧和互联网的兴起,各国都在通过实施创新战略提升本国竞争力。

五、创新驱动是中国迈向高质量发展的"先手棋"

中国经济发展已进入新时代,正从高速增长转向高质量发展。高质量发展是适应中国社会主要矛盾和全面建成小康社会、全面建设社会主义现代化强国的必然要求,是保持经济持续健康发展的必然要求,是遵循经济发展规律的必然要求。高质量发展的基本要义是创新要成为第一动力,实现由主要依靠物质资源消耗向主要依靠科技进步、劳动者素质提高、管理创新的转变。

(一)中国正处于从要素驱动、投资驱动向创新驱动转型升级阶段

中国多年来的高速增长实质上是在所谓的比较优势理论指导下依靠廉价的劳动力、便宜的土地等要素资源换取的。然而,在进入新时代后,原来支撑中国经济高速增长的要素禀赋条件已不复存在,低成本竞争优势正在逐步减弱,中国经济增长面临越来越紧的发展瓶颈约束,这就迫使我们实现发展动力的切换,从要素驱动发展转向创新驱动发展。如前所述,创新驱动是主要依靠知识、技术、劳动者素质提高和管理创

新等高级要素,而不是主要依靠土地、资源、劳动力等初级要素规模扩张的发展模式,其本质是依靠自主创新,充分发挥科技的支撑和引领作用,走上内生性增长道路,实现高质量发展,建成现代化经济体系。

(二)创新驱动有助于提高中国经济增长质量

中国经济总量位居世界第二,但整体质量不高也是客观事实。在许多行业,中国的产量都是世界第一;但在高端行业,中国与发达国家的差距也是显而易见的。比如,集成电路行业,中国对外依存度高达85%。在大国之间的较量中,"质"远比"量"更重要。在鸦片战争以前,中国经济占世界经济比重一度接近1/3,远超英国,但两者"质"的差距极为悬殊。因此,在与英国的竞争中,中国只能被动挨打。中国和世界经济强国的差距,归根结底是创新能力的差距。"质量第一,效益优先"已成为重要的发展思路,通过创新驱动,推动产业结构升级,提升中国在全球价值链中的地位,不断提高中国经济增长的质量和效益。

(三)创新驱动有助于推动产业转型升级

通过科技创新改造传统农业,提高其信息化水平,建立现代农业体系,推进农业现代化。通过广泛运用高新技术和先进信息技术,提升传统产业装备与工艺水平,推动信息化与工业化的融合,加快用高新技术和先进适用技术改造提升传统工业产业,为传统产业升级提供有效技术支撑,实现从中国制造到中国创造的转变。顺应世界产业发展大势,通过创新驱动,大力推进生产性服务业的技术创新,发展互联网、电子商务等新兴服务业,提高产业的国际竞争力。

(四)创新驱动有助于缓解生态环境压力

毋庸置疑,中国经济增长的成本除经济成本外,还应包括社会成本及生态环境成本。正如前文所述,中国取得的经济成就在相当大程度上是以牺牲生态环境换来的,人与自然的关系,人与社会关系已经失衡。我们面临比以往任何时候都严峻的生态环境挑战——雾霾、土壤、水、酸雨等带来的负面影响正在显现。通过创新驱动,提高科技创新能力与资源利用效率,促进外延粗放利用资源向内涵集约利用资源转变,降低资源消耗,减少污染排放,促进资源节约与优化配置,实现经济发展与生态环境的同步改善,才能满足人民群众日益增长的美好生活需要。

(五)创新驱动有助于提高中国国际竞争力

美国学者基辛格、布热津斯基等认为,中国虽然是经济大国,却不是经济强国。中国在国家治理能力方面与强国相比还有较大差距。突出表现在军事实力、创新能力、吸引人才能力三个方面。也就是说,当今世界强国的竞争在很大程度上是创新能力的竞争,创新能力的高低决定了各个国家的前途命运。创新驱动既是各国保持经济增长、不断提升国家竞争力的关键战略,也是各国力图在金融危机后实现经济复苏,应对第三次工业革命挑战的核心举措。在未来的世界竞争格局中,创新制胜,通过创新抢占未来竞争制高点已成为发达国家的共识。

第二节 新中国成立以来的创新探索

新中国成立以来,党中央、国务院高度重视科技进步和创新。从"向科学进军"到"科学技术是第一生产力",从"科教兴国战略"到"提高自主创新能力、建设创新型国家"再到实施"创新驱动发展战略",不断探索符合中国国情的创新发展道路。

一、计划经济体制时期的创新实践

早在 1956 年 1 月，毛泽东主席发出"向科学进军"的号召，成立科学规划委员会，制定了中国第一个科学技术发展长期规划。1958 年，中国成功研制出第一台数控机床和第一台电子计算机，1959 年建成第一座试验研究反应堆和回旋加速器。1963 年 12 月，聂荣臻等同志向毛泽东汇报新的十年科学技术规划时，毛泽东强调指出，科学技术这一仗一定要打，而且必须打好……不搞科学技术，生产力无法提高。

1964 年第一颗原子弹爆炸成功，1965 年在世界上首次用人工合成结晶牛胰岛素，1966 年成功发射导弹核武器，1967 年首次爆炸氢弹成功。计划经济时期创新活动的主要做法是对重大项目采取"举国体制"。其特点是在经济基础十分薄弱、技术落后的情况下，集中人力、物力、财力，在某些具有战略意义的科技领域率先打破外部封锁，取得突破性成果，并以此带动科技全面进步。正是得益于这一体制，中国取得以"两弹一星"为标志的重大创新成果，极大地振奋了民族精神，提升中国的国际地位。令人遗憾的是，从 1966 年开始的"文化大革命"对我国的科学技术及创新探索带来极大的负面效应。

二、改革开放后的创新探索

1978 年 3 月，党中央召开全国科学大会。邓小平提出，科学技术是生产力、知识分子是工人阶级的一部分，科学技术现代化是实现四个现代化的关键等重要论述，迎来了"科学的春天"。1986 年 11 月，中共中央、国务院批准《高新技术研究开发计划纲要》（简称"863"计划），揭开了中国有组织、有计划、大规模开展高新技术研究的序幕，标志着中国科技创新进入新阶段。1988 年 9 月 15 日，邓小平在会见捷克斯洛伐克总统时提出：马克思说过，科学技术是生产力，事实证明这话讲得很对。依我看，科学技术是第一生产力。

进入 20 世纪 90 年代后，中国创新活动显著提速。1995 年 5 月 6 日，中共中央、国务院正式颁布《关于加速科学技术进步的决定》，科教兴国成为国家发展的重大战略。1995 年 5 月 26 日，中共中央、国务院召开了全国科技大会，江泽民同志在会上正式提出实施"科教兴国"战略。在此次大会上，党中央、国务院明确了科技工作长期的基本方针：坚持科学技术是第一生产力的思想，经济建设必须依靠科学技术，科学技术工作必须面向经济建设，努力攀登科学技术高峰。中国开始谋求建立自己的创新体系，以此铺就民族复兴之路。1999 年，江泽民同志进一步提出，科学技术发展要"与市场结合"，认为科技"没有市场的需求，难以发展"。当人均 GDP 超过 1000 美元，改革开放进入更高阶段，必须进一步发挥市场在创新中的作用，调动企业的创新积极性。

2006 年 1 月 9 日，全国召开科技大会，这是中国针对改革开放以来经济建设推进的反思与重新认识的新起点，是对科技创新认识与推进的第一个重大战略部署。会议提出、提高自主创新能力，建设创新型国家的重大战略目标。强调只有把科学技术真正置于优先发展的战略地位，中国才能把握先机、赢得发展的主动权。随后，中共中央、国务院颁布了《关于实施科技规划纲要增强自主创新能力的决定》，国务院颁布了《国家中长期科学和技术发展规划纲要（2006—2020 年）》，发布了关于《实施〈国家中长期科学和技术发展规划纲要（2006—2020）〉若干配套政策的通知》，其系统性在中国科技发展进程中前所未有。

2007 年，党的十七大提出提高自主创新能力、建设创新型国家是国家发展战略的核心、提高综合国力的关键，强调坚持走中国特色自主创新道路，把增强自主创新能力贯彻到现代化建设各个方面。党的十七届五中全会提出,加快转变经济发展方式,最根本的是要靠科技的力量,最关键的是要大幅度提高自主创新能力。要增强科技创新驱动,实施科教兴国战略和人才强国战略,提升自主创新能力,加快建设创新型国家。

2012 年 6 月,胡锦涛同志在两院院士大会上强调:把推动科技创新驱动发展作为重要任务,推动中国经济社会发展尽快走上创新驱动的轨道。2012 年 7 月,党中央、国务院召开全国科技创新大会,对深化科技体制改革、加快国家创新体系建设作出全面部署,提出创新驱动发展的战略要求。2012 年 10 月,实施创新驱动发展战略写入党的十八大报告。这是中国共产党在中国改革发展的关键时期作出的重大抉择,开启了中国加快建设创新型国家和迈向科技强国的新征程。党的十八大报告指出,科技创新是提高社会生产力和综合国力的战略支撑,必须摆在国家发展全局的核心位置。到 2020 年,"科技进步对经济增长的贡献率大幅上升,进入创新型国家行列"。

三、党的十八大以来的创新实践

党的十八大以来,以习近平同志为核心的党中央从时代发展前沿和国家战略高度,提出以创新为首的新发展理念,强调"创新是引领发展的第一动力"。部署实施创新驱动发展战略,发布《国家创新驱动发展战略纲要》,为在新的历史条件下深化改革开放、加快推进社会主义现代化提供了科学的理论指导和行动指南。

(一)创新强国论

2013 年 3 月 4 日,习近平总书记在看望出席全国政协十二届一次会议委员并参加讨论时强调,实施创新驱动发展战略是立足全局、面向未来的重大战略,是加快转变经济发展方式、破解经济发展深层次矛盾和问题、增强经济发展内生动力和活力的根本措施。在日趋激烈的全球综合国力竞争中，必须坚定不移走中国特色自主创新道路，增强创新自信，深化科技体制改革，不断开创国家创新发展新局面，发挥科技创新的支撑引领作用，加快从要素驱动发展为主向创新驱动发展转变，加快从经济大国走向经济强国。2013 年 7 月，他在武汉考察东湖国家自主创新示范区时指出，一个国家只是经济体量大，还不能代表强。国家富强靠什么？靠自主创新、靠技术、靠人才，科技是国家强盛之基。

创新驱动是国家命运所系。创新强则国运昌，创新弱则国运殆。近代中国屡屡被经济总量远不如我们的国家打败，其实不是输在经济规模上，而是输在科技落后上。当今世界综合国力竞争的核心和焦点是科学技术。现在，各主要国家都在抢占未来科学技术制高点，包括国防科技制高点。党的十九大将建设世界科技强国作为奋斗目标，契合建设社会主义现代化强国的理论逻辑和历史逻辑，这是我们在新的历史起点上作出的重大战略抉择——到 2020 年时进入创新型国家行列，到 2030 年时进入创新型国家前列，到新中国成立 100 年时成为世界科技强国。这一战略部署体现了强大的道路自信和时代担当，有助于实现"两个翻番""两个一百年"的奋斗目标，谱写好中华民族伟大复兴中国梦这篇大文章，顺利从发展中大国走向现代化强国。

（二）创新地位论

抓创新就是抓发展，谋创新就是谋未来。习近平总书记在党的十八届五中全会上提出的"把创新摆在国家发展全局的核心位置""把创新作为引领发展的第一动力"等重大论断，是马克思主义关于创新理论的最新成果，是"科学技术是第一生产力"重要思想的创造性发展，丰富发展了中国特色社会主义理论宝库。

2016 年 1 月 4 日,习近平总书记在重庆考察时指出,创新作为企业发展和市场制胜的关键,核心技术不是别人赐予的,不能只是跟着别人走,而必须自强奋斗、敢于突破。① 不创新不行,创新慢了也不行。如果我们不识变、不应变、不求变,就可能陷入战略被动,错失发展机遇,甚至错过整整一个时代。习近平总书记指出,“一个国家是否强大不能单就经济总量大小而定,一个民族是否强盛也不能单凭人口规模、领土幅员多寡而定。实施创新驱动发展战略,最根本的是要增强自主创新能力,最紧迫的是要破除体制机制障碍,最大限度解放和激发科技作为第一生产力所蕴藏的巨大潜能。面向未来,增强自主创新能力,最重要的就是要坚定不移走中国特色自主创新道路,坚持自主创新、重点跨越、支撑发展、引领未来的方针,加快创新型国家建设步伐”。② 2018年 3 月 7 日,习近平总书记在参加广东代表团讨论时进一步强调,发展是第一要务,创新是第一动力,人才是第一资源。创新在中国迈向现代化强国进程中的重要地位越发突出。

(三)发展“换场”论

2013 年 9 月 30 日,中央政治局第九次集体学习时,习近平总书记强调,新一轮科技革命和产业变革与我国加快转变经济发展方式形成历史性交汇,为我们实施创新驱动发展战略提供了难得的重大机遇。机会稍纵即逝,抓住了就是机遇,抓不住就是挑战。新科技革命和产业变革将重塑全球经济结构,就像体育比赛换到了一个新场地,如果我们还停留在原来的场地,那就跟不上趟了。③

---

① 习近平:《落实创新协调绿色开放共享发展理念　确保如期实现全面建成小康社会目标》,《人民日报》2016 年 1 月 7 日。

② 习近平:《在中国科学院第十七次院士大会、中国工程院第十二次院士大会上的讲话》,《人民日报》2014 年 6 月 10 日。

③ 《在十八届中央政治局第九次集体学习时的讲话》,2013 年 9 月 30 日。

从全球范围看,全球新一轮科技革命、产业变革加速演进,正在重塑世界竞争格局、改变国家力量对比。科技创新的重大突破和加快应用极有可能重塑全球经济结构,使产业和经济竞争的赛场发生转换。科技创新决定国家未来发展,科技兴则民族兴,科技强则国家强。从国内因素来看,经济总量已经跃居世界第二位,但发展中不平衡、不协调、不可持续的问题依然突出。要再像过去那样以这些要素(资源、资本、劳动力)投入为主来发展,既没有当初那样的条件,也是资源环境难以承受的。中国现代化涉及十几亿人,走全靠要素驱动的老路难以为继。物质资源必然越用越少,而科技和人才却越用越多,我们必须及时转入创新驱动发展轨道,把科技创新潜力更好地释放出来。中国抓住新一轮科技革命和产业变革的重大机遇,就是要在新赛场建设之初就加入其中,甚至主导一些赛场建设,从而使我们成为新的竞赛规则的重要制定者、新的竞赛场地的重要主导者。

(四)企业主体论

企业是科技和经济紧密结合的重要力量,应该成为技术创新决策、研发投入、科研组织、成果转化的主体。习近平总书记提出,要创造环境,使企业真正成为创新主体。在一般性产业中,发展哪些行业或选择何种技术路线应由企业决定。他强调,全面深化改革,要围绕使企业成为创新主体、加快推进产学研深度融合来谋划和推进。要建立完善的产权保护制度,创造平等竞争的良好环境,鼓励企业加大科技研发投入,加大对创新型小微企业支持力度。2013 年 3 月 4 日,在参加全国政协十二届一次会议科协、科技界委员联组讨论时,习近平总书记指出,要进一步突出企业的技术创新主体地位,使企业真正成为技术创新决策、研发投入、科研组织、成果转化的主体,变"要我创新"为"我要创新"。

（五）科技核心论

科技创新是提高社会生产力、提升国际竞争力、增强综合国力的战略支撑。中国在过去较好地利用后发优势，创造了世界瞩目的经济奇迹。但随着发展水平不断提升，遇到许多新的"瓶颈"制约，需要开辟新的发展空间。从国内外先发国家实践看，开辟新空间，打造先发优势必须在科技创新上有所作为，别无他途。2014年5月23日至24日，习近平总书记在上海考察时强调，谁牵住了科技创新这个"牛鼻子"，谁走好了科技创新这步先手棋，谁就能占领先机、赢得优势。2016年5月30日，在全国科技创新大会、两院院士大会、中国科协第九次全国代表大会上，习近平总书记指出，科技是国之利器，国家赖之以强，企业赖之以赢，人民生活赖之以好。中国要强，中国人民生活要好，必须有强大科技。

2015年10月29日，习近平总书记在党的十八届五中全会第二次全体会议上指出，新一轮科技革命带来的是更加激烈的科技竞争，如果科技创新搞不上去，发展动力就不可能实现转换，我们在全球经济竞争中就会处于下风。在迈向强国的新征程中，务必使科技创新成为经济社会发展和维护国家安全最重要的战略资源，成为政策制定和制度安排的核心要素及参与全球竞争合作的重要内容。面向世界科技前沿、面向中国经济主战场、面向国家重大需求，在更高层次和更大范围发挥好支撑引领作用。

（六）顶层设计论

实施创新驱动发展战略是一个系统工程。科技成果只有同国家需要、人民要求、市场需求相结合，完成从科学研究、实验开发、推广应用的三级跳，才能真正实现创新价值。习近平总书记提出，实施创新驱动发展战略，要抓好顶层设计和任务落实。顶层设计要有世界眼光，找准世界科技发展趋势,找准我国科技发展现状和应走的路径,把发展需要和现实能力、长远目标和近期工作统筹起来考虑,有所为有所不为。同时,要研究后发国家赶超先发国家的经验教训,保持战略清醒,避免盲目性,不能人云亦云,也不能亦步亦趋。我们在科技方面应该有非对称性"撒手锏",不能完全是发达国家搞什么我们就搞什么。

2016 年 5 月,科技部等二十多个部门联合起草,经中央全面深化改革领导小组审议,并经中央政治局常委会批准的《国家创新驱动发展战略纲要》正式发布。《国家创新驱动发展战略纲要》对创新驱动发展战略进行了顶层设计和系统谋划,明确了未来三十多年的奋斗目标、发展方向和重点任务,为加快建设创新型国家提供了基本遵循和行动指南。

(七)创新协同论

创新是一个系统工程,创新链、产业链、资金链、政策链相互交织、相互支撑,改革只在一个环节或几个环节搞是不够的,必须全面部署,并坚定不移推进。科技创新、制度创新要协同发挥作用,两个轮子一起转。[①] 大力开展协同创新,集中力量办大事,抓重大、抓尖端、抓基本,形成推进自主创新的强大合力。2012 年 12 月,习近平总书记在广东考察工作时提出,我们要大力实施创新驱动发展战略,加快完善创新机制,全方位推进科技创新、企业创新、产品创新、市场创新、品牌创新,加快科技成果向现实生产力转化,推动科技和经济紧密结合。

(八)体制先行论

实施创新驱动战略,最紧迫的是要破除体制机制障碍,最大限度地解放和激发科技作为第一生产力所蕴藏的巨大潜能。2014 年 6 月 9

---

① 习近平:《为建设世界科技强国而奋斗》(2016 年 5 月 30 日),人民出版社 2016 年版,第 13—14 页。

日，在中国科学院第十七次院士大会、中国工程院第十二次院士大会上，习近平总书记指出，多年来，我国一直存在科技成果向现实生产力转化不力、不顺、不畅的痼疾，其中一个重要症结就在于科技创新链条上存在诸多体制机制关卡，创新和转化各个环节衔接不够紧密。就像接力赛一样，第一棒跑到了，下一棒没有人接，或者接了不知道往哪儿跑。要解决这个问题，就必须深化科技体制改革，破除一切制约科技创新的思想障碍和制度藩篱，处理好政府和市场的关系，推动科技和经济社会发展深度融合，打通从科技强到产业强、经济强、国家强的通道，以改革释放创新活力，加快建立健全国家创新体系，让一切创新源泉充分涌流。

我们现行的经济体制机制和经济政策，很多是适应传统发展方式的，有利于企业简单再生产和扩大再生产，但并不利于企业推进优化升级。加快体制机制创新，把市场和政府在配置创新资源中的优势都发挥出来，构建良好的创新生态，把创新驱动的新引擎全速发动起来，形成新的利益轨道。一个是科技创新的轮子，另一个是体制机制创新的轮子，两个轮子共同转动，才有利于推动经济发展方式根本转变。

（九）开放创新论

创新是人类发展进步的不熄引擎。当今世界正处于大变革、大调整之中，迫切要求更大范围、更深层次的创新。只有把技术创新与结构性改革结合起来，相互促进，全面激发人们的创造创新活力，才能形成世界经济稳定复苏的强劲动力。实现这样的创新，墨守成规不行，单打独斗也不行，需要开放、合作与分享。习近平总书记提出，要深化国际交流合作，充分利用全球创新资源，在更高起点上推进自主创新。开放式创新不仅包括技术领域的创新合作，也包括体制机制的创新、互鉴。

（十）人才支撑论

人才资源是第一资源,也是创新活动中最为活跃,最为积极的因素。谁拥有一流的创新人才,谁就拥有了科技创新的优势和主导权。习近平总书记提出,创新驱动实质上是人才驱动。没有人才优势,就不可能有创新优势、科技优势、产业优势。2016 年 5 月 30 日,习近平总书记在全国科技创新大会、两院院士大会、中国科协第九次全国代表大会上指出,我国要建设世界科技强国,关键是要建设一支规模宏大、结构合理、素质优良的创新人才队伍,激发各类人才创新活力和潜力。

要有识才的眼光、用才的胆识、容才的雅量、聚才的良方。要用好用活人才,打通人才流动、使用、发挥作用中的体制机制障碍。要深化教育改革,提高人才培养质量。积极引进海外优秀人才,制订更加积极的国际人才引进计划。

必须充分激发各类人才的创造性,形成知识创造价值、价值创造者得到合理回报的良性循环。企业家是推动创新的重要动力。要推动企业家积极投身创新事业,依法保护企业家的财产权和创新收益,消除他们的后顾之忧,激发他们的创新激情。要极大调动和充分尊重广大科技人员的创造精神,激励他们争当创新的推动者和实践者,使谋划创新、推动创新、落实创新成为自觉行动。

第三节 创新驱动的进展与评估

中国已经走上创新驱动的道路,创新的整体水平正处于从量的增长向质的提升的跃升期,正在成为具有重要国际影响力的创新大国。但是,征程并非坦途。必须看到,中国科技发展水平总体不高,创新对经济社会发展的支撑能力不足,科技对经济增长的贡献率远低于发达国家水平,这是中国从经济大国迈向经济强国的"阿喀琉斯之踵"。① 那么,在创新领域,中国取得哪些成就? 又面临哪些挑战呢?

一、中国创新排名大幅度提升

2017 年 6 月 15 日,世界知识产权组织(WIPO)、美国康奈尔大学和欧洲工商管理学院共同发布《2017 年全球创新指数》报告。报告显示,中国的排名从 2016 年的第 25 位上升至第 22 位,是唯一进入第一集团(前 25 名)的中等收入国家。2017 年全球创新指数通过 81 项指标,对全球 127 个经济体的创新能力和可衡量成果进行评估。创新指数是以创新投入、创新产出两个次级指数的平均值计算得出。指标体系的 81 项指标分为制度、人力资本与研究、基础设施、市场成熟度、商业成熟度、知识与技术产出、创意产出七大类。在七大类指标中,中国在制度(第 78 位,上升 1 位)、人力资本与研究(第 25 位,上升 4 位)、基础设施(第 27 位,上升 9 位)、知识与技术产出(第 4 位,上升 2 位)、创意产出(第 26 位,上升 4 位)五大类均有所提升,但在市场成熟度、商业成熟度两大类排名上略有下降。报告显示,中国在本国人专利申请量、本国人实用新型申请量、本国人工业品外观设计申请量、国内市场规模、知识型工人、提供正规培训的公司占比、知识影响力、高技术出口减去再出口在贸易总额中的占比、创意产品出口在贸易总额中的占

① 阿喀琉斯,是凡人珀琉斯和美貌仙女忒提斯的宝贝儿子。忒提斯为让儿子炼成"金钟罩",在他刚出生时就将其倒提着浸进冥河,遗憾的是,阿喀琉斯被母亲捏住的脚后跟却不慎露在水外,全身留下了唯一一处"死穴"。后来,阿喀琉斯被帕里斯一箭射中了脚踝而死去。后人常以"阿喀琉斯之踵"比喻这样一个道理:即使是再强大的英雄,也有致命的死穴或软肋。

比等多项指标排名均居全球首位。中国也是唯一与发达国家经济体创新差距不断缩小的中等收入国家。

二、研发投入稳步增加

研发投入（R&D）占 GDP 比重是衡量经济发展方式转变和创新驱动的重要指标（见专栏 3-1）。近年来，中国不断加大投入力度，科技和创新基础设施规模持续增长，技术水平明显提升，为重大科技领域攻关和创新驱动发展提供了重要支撑。自 2006 年以来，中国科技投入呈持续大幅度增长态势。2013 年，全国研发投入达到 1.19 万亿元，占 GDP 比重上升至 2.09%。2014 年全国研发共投入 1.3 万亿元，比 2013 年增长 9.9%。2015 年全国研发投入达 1.4 万亿元，研发投入与 GDP 之比为 2.10%，比 2012 年提高 0.17 个百分点，居发展中国家前列。2016 年，全国研发投入达 1.55 万亿元，占 GDP 比重为 2.08%，成为仅次于美国的世界第二大研发经费投入国家，其中企业占比 78% 以上。同时，科技进步贡献率增至 56.2%。2017 年，全国研发投入达到 1.76 万亿元，比 2012 年增长 70.9%，全社会 R&D 投入占 GDP 比重为 2.12%，超过欧盟 15 国 2.1% 的平均水平。全面来看，中国目前 R&D 占 GDP 比重超出欧盟平均水平，与美国 20 世纪 80 年代水平大致相当，与目前日韩等国的 3%、美国的 2.7%、以色列的 4% 等相比，仍存在一定差距。"十三五"要实现国家中长期科技发展规划纲要（2006—2020 年）确定的 2.5% 的目标仍存在较大压力。从研发人员密度看，中国研发人员比重约为 1300 人/百万人，低于多数发达国家 20 世纪 90 年代中期水平，仅为目前主要发达国家研发人员比重的 1/4—1/3，差距明显。

专栏 3-1　研发投入

R&D(Research and Development)是指在科学技术领域,为增加知识总量(包括人类文化和社会知识的总量),以及运用这些知识去创造新的应用进行的系统的创造性的活动,包括基础研究、应用研究、试验发展三类活动。可译为"研究与开发""研究与发展"或"研究与试验性发展"。

基础研究指为了获得关于现象和可观察事实的基本原理的新知识(揭示客观事物的本质、运动规律,获得新发展、新学说)而进行的实验性或理论性研究,它不以任何专门或特定的应用或使用为目的。

应用研究指为了确定基础研究成果可能的用途,或是为达到预定的目标探索应采取的新方法(原理性)或新途径而进行的创造性研究。应用研究主要针对某一特定的目的或目标。

试验发展指利用从基础研究、应用研究和实际经验所获得的现有知识,为产生新的产品、材料和装置,建立新的工艺、系统和服务,以及对已产生和建立的上述各项做实质性的改进而进行的系统性工作。

三、专利增长快,但质量待提高

世界知识产权组织(WIPO)统计数据显示,自 2011 年起,中国国内专利申请数跃居全球第一。统计显示,2015 年中国专利授权数为171.8 万件,2016 年为 175.4 万件,其中授予发明专利权为 40.4 万件。

在国际专利方面,2010 年,中国申请 PCT(国际专利合约)专利仅相当于美国的 1/4、日本的 1/3,平均每 1.3 亿美元出口才有 1 件国际专利申请。2013 年,中国 PCT 专利申请量 21516 件,已超过德国位居世界第三。2015 年中国 PCT 国际专利申请数为 29837 件,2016 年达到 43168 件,增长率高达 44.7%,自 2002 年以来每年都实现了两位数的增长,总体已进入专利总量领先国家行列(见表 3-2)。

表 3-2　2000—2016 年中国 PCT 国际专利申请情况

年份	申请量(件)	占全球比重(%)	世界排名
2000	780	0.8	16
2003	1299	1.1	14
2005	2503	1.8	10
2007	5455	3.4	7
2008	6120	3.7	6
2009	7900	5.1	5
2010	12296	7.5	4
2011	16402	9.0	3
2013	21516	10.5	3
2016	43168	18.5	3

资料来源:世界知识产权组织。

　　目前的不足主要在于:其一,专利质量偏低。发明专利占全部专利比重偏低,有效专利数量偏少,含金量较高的发明专利数量只占 1/3 左右,远不及实用新型和外观设计专利。其二,专利转化率低。由于缺乏实用性,专利与市场之间缺乏有效的中介组织和孵化机制等原因,许多专利一出生就被束之高阁,并不能顺利进入市场应用。其三,专利保护不力。虽然已制定《专利法》等保护法律体系,但各种侵权行为未能遏制,仍存在各种侵权行为,恶意侵权事件屡屡发生。其四,知识产权收益偏低。2015 年,中国知识产权国际收入仅为 10.8 亿美元,美国高达 1246.7 亿美元,是中国的 115 倍,中国仍是知识产权收益赤字国。

四、品牌影响力弱，产品质量不高

中国商品全球市场呈现出"三多三少"特点："中国制造"多，中国品牌少；小商品有特色，大商品无品牌；贴牌生产多，自主设计少。中国虽然已经是世界贸易大国，但在出口贸易中，55%的出口产品是加工贸易，具有自主品牌的产品出口不到10%。

2016年《世界品牌500强》排行榜中，美国占据500强中的227席，继续保持品牌大国风范；英国、法国均以41个品牌入选并列第二；日本37个、中国36个、德国26个、瑞士19个和意大利17个品牌入选，是品牌大国的第二阵营。中国虽然有36个品牌入选，但相对于13亿多人口大国和世界第二大经济体，中国品牌影响力显然还处于"第三世界"。这与中国是世界最大消费市场的地位极不相称。联合国发展计划署报告指出，国际知名品牌在全球品牌中所占比例不到3%，但是市场占有率却高达40%，销售额超过50%。

五、科研总量与科研影响不断提升

中国的科技资源总量已经跃居世界前列：2010年中国R&D人员超过美国，居世界首位。李克强总理在2017年的政府工作报告中指出，中国国内有效发明专利拥有量突破100万件，技术交易额超过1万亿元，科技进步对经济增长的贡献率上升到56.2%，创新给经济发展带来的红利日益凸显。中国科技创新的系统能力显著提升，已成为全球第二大研发投入大国和第二大知识产出大国。从论文发表数量看，进入21世纪后中国论文发表数量快速增长。数据显示，2017年中国学术论文产出的数量居世界第二位，高被引论文数和国际热点论文数双双攀升至世界第三位，8个重要领域国际科技论文引用率排名第二位,仅次于美国。在一些重要领域,中国已跻身世界前列。从影响力指数上看,目前中国在材料领域的影响力指数已非常接近美国,化学领域的影响力指数也达到了美国的 80%。[1] 此外,中国在物理、数学、计算机等学科领域均位于世界第二的水平,临床医学、生命科学等学科也突飞猛进,进入了全球前十的行列。但是,中国在世界上有影响的科技成果或科技人才还严重不足,中国离科技强国的距离比我们想象的还要远得多。

六、缺少关键核心技术

改革开放后,中国在多个产业领域推行"以市场换技术"的策略,通过让渡部分国内市场来换取国外先进技术和管理经验。这种策略在部分领域取得了一定成效,但在许多行业却未达到预期目标。常见的情况是,中国的市场让出去了,但技术尤其是核心技术并没有换来。

从另外一个角度讲,在 20 世纪 80 年代,中国各方面技术都落后,处于"技术洼地",发达国家淘汰的技术我们拿过来可以用很多年,现在我们从"追赶者"变成了"并行者",在有些领域甚至成为"领跑者"。在这种情况下,发达国家愿意给我们的技术我们不需要了,我们想要的精密仪器、大型科学仪器等高技术含量的产品他们却不愿意卖给我们。必须看到,世界科技发展非均衡性高于世界经济的非均衡性。发达国家控制了当代绝大多数领域的技术制高点。在国际技术贸易收支里面,发达国家获得全球技术转让和许可收入的 98%;在生物工程、药物等领域,美、欧、日拥有 95% 左右的专利,包括中国在内的其他国家仅占 4%—5%。

---

① 资料来自国家自然科学基金委员会(杨卫,2017)。

中国科技进步贡献率低于创新型国家的要求。国际公认先进国家的核心技术、关键技术对外依存度小于30%,中国却高达50%,重要零部件、基础元器件、关键新材料自给率仅有20%左右。在电子信息产业领域,中国80%的高端芯片、90%的高世代面板生产线基础装备、90%的基础软件都依靠进口,80%的通用协议和标准采用国外标准。同时,科技转化率低、研发与市场脱节、体制机制僵化、中小企业融资难融资贵等问题,制约了中国技术升级。

七、创新驱动的外部环境待优化

良好的外部环境是创新不可或缺的土壤。改革开放40年来部分生产要素和资源价格形成机制仍不健全,市场竞争机制尚未充分发挥作用,资源配置机制出现一定程度的扭曲,阻碍企业的创新热情。

要素市场价格机制不健全,不能充分反映市场供求关系,客观上保护了落后的企业和生产结构,企业更多地把精力放在争资源、争项目上,通过"寻租"来获取高额利润,削弱企业通过技术创新来降低成本的动力。科技与经济"两张皮"的问题尚未根本解决。创新活动需要大量资金的支持,但中国并没有建立起有效的多层次资本市场体系,金融市场资源流动不充分,科技型中小企业难以获得金融系统的支持,许多有市场潜力的创新成果由于没有及时得到资金支持而无法产业化。再如,"填鸭式"的应试教育无法适应快速发展的创新需求,不利于创新型人才培养;创新资源配置的分散化配置导致企业难以成为创新主体;地方政府过度偏爱房地产行业,对区域创新产生"挤出"效应,创新活力不强。高校和科研机构中创新人才远多于企业,企业的创新能力与现实需求不相适应。

第四章　国际镜鉴:创新强国如何炼成

世界上公认的创新型国家有 20 个左右,包括美国、日本、韩国、芬兰、以色列等。这些国家的共同特征是:创新综合指数明显高于其他国家,科技进步贡献率在70%以上,研发投入占 GDP 的比例一般在2%以上,对外技术依存度指标一般在30%以下。此外,这些国家所获得的三方专利(美国、欧洲和日本授权的专利)数占世界数量的绝大多数。

第一节　美国:成为创新强国的奥秘

美国是世界上公认的第一科技强国,是世界上经济实力、军事实力最强、最具影响力的国家,更是典型的创新驱动型国家。美国从 19 世纪中期开始就重视创新,在向英国、德国学习的过程中实现了赶超,并形成了有本国特色的系列做法。美国在创新方面的领先反映在多个方面,如资本市场、知识产权、高科技装备、教育、创新人才等。

一、高度重视创新投入

美国政府认为,政府应投入大量的研发资金支持单个企业、科研机构或整个产业无法进行的探索性研究活动。美国是世界上研发投入最大的国家。早在第二次世界大战时期，美国政府就大幅度增加投入，资助公共基础研究，扶持大学提高研发能力。1944 年，时任国家科学研究与发展局局长的瓦尼尔·布什充分论证了基础科学研究对国家发展的重要性，影响美国战后几十年的科技政策，美国政府资助并实施了一系列大型基础研究项目。到 20 世纪 60 年代末，随着《国防教育法》等 80 余项提案的出台，政府向研究型大学投入巨额经费予以支持。"冷战"结束后，美国政府继续加强对基础研究的投入，大幅增加美国国家科学基金会、国家标准与技术研究院等基础研究机构的经费。

政府关注新经济，政府对高新技术企业提供竞争性资助，其中，1990 年到 1997 年对信息产业投资年均增长超过 20%。高投入自然会有高回报，美国高技术产业带动美国经济实现持续十年 3.5%的增长。

据统计，美国研发投入占经合组织国家总支出的 40%以上，约为第二大投入国日本的 2.7 倍。2013 年美国研发投入为 4500 亿美元，远高于欧洲 34 国的 3490 亿美元。美国在主要科学与工程期刊上发表的论文数量一直位居世界首位。政府积极探索科技投入的有效方式，建立有良好回报的科技投入机制。政府主动介入自主具有"公共产品"性质的科研活动，保证国家关键科技研究开发项目。政府通过组织研究机构和企业组成技术开发研究中心，共同参与国家关键技术的研发活动，既分担了创新的风险，又保证开发目标的实现。这一做法还有助于维持私营企业和科研机构开发新技术的连续性，帮助企业在商业上获得成功，最终增强美国的科技实力和国家竞争力。

必须纠正的一个误区是，不能认为美国政府在创新中无所作为，都是企业行为。其实，美国政府在创新驱动中发挥了很强的引导作用，政府有计划推出一些重大工程，集中各方力量攻关，从而促进科技进步。

二、吸引与培养创新人才

美国是一个高度重视创新人才的国家,尤其注重人才的引进和培养。第二次世界大战结束后,美国一直把引进科技创新型人才作为其引进移民的重要工作。1946年,美国制订了吸引外国留学生的富布莱特计划。20世纪60年代,美国推出国际教育,为外国留学生取得永久居留权、加入美国国籍打开了大门,每年发给外国留学生和高技能人才的签证超过70万个。美国还多次修改《移民法》,不断放宽对技术移民的限制。美国的科学家和工程师约有1/3来自国外。正是得益于源源不断的创新型人才的"输血式补充",美国长期屹立于创新前沿,成为世界经济发展的领跑者。

在培养人才方面,美国建立了一套以政府、企业、高校和非营利机构为主体组成的教育科学研究体系。改进理工类教育,扶持社区学院,并为高中生提供世界一流网络课程。当然,美国还拥有世界上最好的大学,将世界上最优秀的人才吸引到美国。美国前总统奥巴马提出,确保学生掌握21世纪需要的世界一流的知识和关键技能,建立一个有助于每个孩子在新的全球经济中取得成功的教育体系。计划到2020年时,恢复美国高校毕业生人数占总人口比例位居世界第一的地位,造就世界一流的劳动力队伍。

三、不断完善鼓励创新的法律法规

美国建立了保护知识产权、版权和商标以及能维护相关权利的法官、法院和法律系统,保护创新主体的权益,提高国家创新竞争力。如《拜杜法案》《史蒂文森—威德勒技术创新法》《国家合作研究法》等。早在1790年,美国颁布了全球首部《专利法》,美国国会于1836年对之前的专利法做了大幅修订,成立专门的管理机构,恢复专利审查制度,对专利权主体、实质性要件、专利期限等方面进行修改,由此奠定了现代美国专利制度。美国允许国家投入形成的知识产权授权转让给个人或企业,使一批前沿学术研究成果能够迅速实现产业化。美国通过建立世界上最完备的科技法律体系,为美国走创新驱动发展道路营造了良好的法律环境,同时也维护了美国的利益。20世纪80年代初,美国出台的《拜杜法案》更是对创新发展起到了很大的撬动作用(见专栏4-1)。

专栏4-1 《拜杜法案》

20世纪80年代前,美国大量的科研成果并没有转化为现实生产力,科研优势没有转化为经济优势和市场优势。日本和欧洲的产业技术却取得长足进步,"日本、德国制造"替代"美国制造"成为普通美国人心中的首选。原因在于:一是高校为主的科研部门缺乏成果转化的动力,政府资助科研项目取得的专利、软件著作权等发明成果,其所有权为政府所有。二是联邦政府没有统一的专利政策,要对科研成果进行商业化应用,需要26个政府部门批准。烦琐的法律程序导致厂商不能有效取得所需技术的授权,致使许多研发成果无法商品化。其结果是,截至1980年,联邦政府虽然持有2.8万件专利,但转化率低下,还不到5%。

在威斯康星大学等单位的游说下,美国国会参议员伯奇·拜厄与罗伯特·杜尔提出《拜杜法案》,1980年由国会通过,1984年进行了修订。该法案的核心内容包括:(1)联邦政府资助的科研项目取得的专利、软件著作权等发明成果,其所有权属于高校等受资助单位,前提是高校要承担起专利申请和将专利许可授予企业界的义务;(2)政府保留"介入权",即高校如未能通过专利许可方式使某项发明商业化,联邦政府将保留决定该项发明由谁来继续商业化的权利。但政府干预权限仅于此;(3)允许高校进行独占性专利许可;(4)发明人应分享专利许可收入,但具体应得份额未做规定;(5)高校应将技术转移所得、全部专利许可所得返还到教学和研究中去。

《拜杜法案》的通过和实施极大地促进了美国的创新活动发展和经济发展。明确专利权"下放"原则,对于政府出资给高校、科研机构的研发项目成果订出了明确的规则,让实际从事研发的机构可以选择获取相关的权益。尊重市场机制,明确允许高校、科研机构以独占许可方式将政府出资产生的发明进一步对外许可,不需经过出资单位的审批同意。促进产学研合作,促使高校、科研机构积极从事专利申请与许可的活动,但是政府除研发经费外并不提供任何其他的额外补贴或财政优惠,也不会猜测产业的未来前景或干预市场的运作。2013 年,美国高校、科研机构向美国专利商标局总共提出了 24555 件专利申请,相当于 20 世纪 70 年代的近百倍。在专利实施许可费收益方面,1981 年《拜杜法案》开始实施时是 730 万美元,到 2008 年,已经达到了 34 亿美元之多。《拜杜法案》的成功,获得了《经济学人》等知名报刊的赞誉。有人认为,1980 年的《拜杜法案》很可能是美国在过去半个世纪中最具激励性的立法,加上 1984 年和 1986 年的修改,它用纳税人的钱把美国各地实验室的所有发明与发现都释放了出来。

正是得益于《拜杜法案》,才促进了高校、科研机构与产业界更为紧密的合作,并带动了科技与地区经济的快速发展,尤其在生物医药技术方面,让美国能走出绝望,在短短的十年中达到世界科技领导者的位置。从某种程度上说,《拜杜法案》是美国从"制造经济"转向"知识经济"的标志。

四、发达的投融资体系支持

创新离不开庞大资金的支持。美国拥有世界上最完善的投融资体系,为各阶段的创新型企业提供了充分的资金扶持,充分发挥了金融促进科技创新的作用。从各国实践来看,中小企业都是一国创新的重要力量。美国亦如此,约有一半以上的技术创新来自中小企业。1953年,美国正式出台《小企业法》支持中小企业发展,并成立小企业管理局和小企业投资公司,向新兴创新型小企业提供私募股权与长期债权资本。其中,美国小企业管理局主要为中小企业提供担保以帮助其获得商业银行贷款、为小企业直接提供风险资金等,其成功运行极大地提升了美国各类科技型创新企业的成功率,对全社会的创新活动起到良好的示范激励作用。

风险投资是20世纪以来最伟大的金融创新之一,其本质是一种新型的融资契约安排,是一种偏好创新和风险的权益资本——其投资的目的并不是为了获得企业的所有权、控股,或经营企业,而是通过投资和提供增值服务把投资企业做大,然后通过公开上市(IPO)、兼并收购或其他方式退出,在产权流动中实现投资回报。美国风险投资的特点是:组织形式以有限合伙制为主;机构基金占绝对主导地位且资金来源广泛而稳定;风险投资方式多样;退出渠道畅通等。20世纪60—70年代,随着硅谷新技术革命蓬勃兴起的风险投资业,不但使其在高技术及尖端技术的发展上保持世界领先地位,同时也带动了国内相关工业的发展,对美国经济的发展作出了很大的贡献(见专栏4-2)。1971年2月8日,全美证券交易商协会(The National Association of Securities Dealers,NASD)正式启用全美证券交易商协会自动报价系统。1975年,该系统第一版上市标准正式发布,纳斯达克正式成为区别于其他场外市场而独立存在的证券交易市场。纳斯达克市场拥有完整的层次结构和健全的"转板、退板"机制，交易对象定位于高成长的中小企业，助力中小企业站在世界资本市场的起跑线上。经过多年发展，纳斯达克市场已成为美国资本市场的重要创新，对创新型中小企业发展贡献甚巨。

必须看到，完善的信用担保体系是美国科技创新取得巨大成就的重要支持力量。通过担保金融机构的科技贷款，解决了中小企业由于无实物抵押等原因无法从金融机构获得贷款融资问题，同时有效降低金融机构的贷款风险，对中小企业的科技创新活动帮助很大。

五、一流的国家创新体系

在19世纪中期，美国的国家创新体系就已见雏形。经过100多年的补充完善，美国形成了以企业和科研部门为基础、以创新社会环境为辅助的国家创新体系。其特点是，政府的职责在于营造良好的鼓励竞争的外部环境，在基础性、前沿性研究领域发挥"驱动"作用；企业是技术创新和产业化的主体，在国家创新体系中居于核心位置，与高校、科研机构、政府和中介组织之间保持良好的互动。

专栏4-2 硅谷凭什么成为全球创新中心？

美国硅谷是高科技企业的重要聚集地、全球高科技创新中心，几乎涵盖了世界未来科技的前端领域，也是目前全世界人均生产力与平均投资报酬率最高的地方。硅谷共聚集了10000多家高科技公司，全球前100名高科技公司的总部有30%在硅谷，纳斯达克前100强公司中，硅谷占了四成，每天十几家公司诞生，每周一家公司上市。

硅谷的成功经验在于：依托斯坦福大学、加州大学伯克利分校等世界一流大学，形成一批具有世界领先水平的研发团队，为创新创业提供一流的技术支持和人才基础。硅谷汇聚了超过 100 万的科研人员，其中美国科学院院士有近千人、诺贝尔奖获得者超过 40 位。

风险投资为高科技企业的创办提供了有力的资金支持。硅谷是全美风险投资的集聚中心。美国风险投资额占世界总额一半以上，而硅谷则又占据了美国投资总额的 50%，有"第二华尔街"之称。迄今硅谷有风险投资公司 300 多家，风险投资额以每年约 60% 的速度激增，其中每年用于早期投资的资金规模高达 200 亿美元。

独特的区域文化为硅谷的崛起提供了良好的人文环境：鼓励创新和冒险，并宽容失败文化；平等竞争的开放性学习文化；精诚合作的团队精神。众多创新型企业因此脱颖而出。政府支持为硅谷的腾飞提供了资金注入来源和制度条件。

第二节　韩国：创新驱动国家转型

韩国在 20 世纪 50 年代还是一个相当落后的国家，1953 年人均 GDP 仅为 67 美元，1963 年上升到 163 美元，10 年仅增加不足 100 美元。20 世纪 60—70 年代，韩国抓住美、日等国劳动密集型产业转移的机遇，发挥本国劳动力资源优势，实施出口导向型发展战略，创造了"汉江奇迹"，成为亚洲"四小龙"之一。进入 80 年代以后，世界经济格局发生重大变化，西方国家受能源危机的影响转向奉行贸易保护主义，极大地冲击了韩国出口导向型经济。同时，西方国家开始了新一轮技术革命，大力推进产业结构转型升级。韩国政府意识到，必须及时转变发展方式，从出口导向的劳动密集型经济转向创新驱动型经济。经过持续的创新赶超,韩国 2003 年人均 GDP 达 1.26 万美元,成功从中等收入国家行列跻身高收入国家行列,2006 年突破 2 万美元,2016 年韩国人均 GDP 达 2.75 万美元。韩国经济腾飞的历史,就是"从模仿到创新"的历史。研究韩国迈向创新驱动的做法对中国很有借鉴价值。

一、注重顶层设计

在 20 世纪 60 年代,韩国主要是采取企业直接引进成熟技术、科研部门引进专利技术进行创新研究、企业通过合资与合作带进技术等方式移植国外生产技术来装备劳动密集型产业,即以复制、模仿技术为主的发展阶段。进入 70 年代后,韩国开始实行"追赶型"战略,由技术模仿为主向创造性模仿阶段转换。技术引进重点向钢铁、造船、机械、电子等领域倾斜。到 20 世纪 80 年代初,韩国确立了"科技立国"战略,建立科技发展的举国动员机制,力图通过利用先进技术改造提升传统产业,发展知识密集型产业。1985 年,韩国颁布《产业发展法》,重点强调市场在产业发展和经济运行中的作用,极大地释放了市场力量,为产业优化升级创造良好的外部环境。进入 90 年代后,韩国进一步深化"科技立国"战略,加大对本国高新技术产业的支持力度,并逐步从模仿创新转向自主创新,注重提升企业核心竞争力。1998 年,韩国提出"设计韩国"战略,大力发展文化创意产业,从制造国家转身为设计创新国家。在顶层设计指引下,韩国的自主创新能力大幅度提升,三星、LG 等成为全球著名大公司。2003 年,韩国政府提出《十大新一代成长动力产业》科技发展工程,把智能机器人、未来型汽车、新一代半导体、数码电视广播、互动电视网、新一代移动通信、等离子显示器和绿色新药等作为关键技术,并制定了相应的措施(见表 4-1)。

表 4-1　韩国创新驱动战略的迭代

时期	创新战略	技术路径	主导产业选择	人均GDP（美元）	技术进步对经济贡献率（%）
1960—1980年	引进、消化和吸收国外先进技术	发展制造技术、装配技术	60年代纺织、消费电子;70年代汽车、钢铁、造船和机械	248（1970年）	12.84（70年代）
1980—2000年	模仿与创新结合,实施重大产品计划	发展产业技术、应用技术	基于产品技术创新的新一代汽车;80年代DRAM,90年代的CDMA移动通信	1632（1980年）5900（1990年）	18.7（80年代）39.54（90年代）
2000—2025年	科技先导,自主创新	发展新技术、基础技术和基于知识的技术	新型工业化产业:互联网、通信、计算机、精密机械、生物工程	9828（2000年）15000（2005年）	

资料来源:根据有关资料整理。

二、发挥企业创新主体性

韩国将企业视为创新的主体,韩国企业尤其是大企业充当了创新驱动的主力军。韩国政府支持企业设立研发机构,在政府政策引导下,韩国的企业研究所、产业研发中心、企业技术开发中心等快速成长,成为韩国创新的主要力量。据统计,韩国政府投资的研发机构仅有二十多家,而企业研究机构已经超过1万多家,许多大企业拥有多个研发部门。三星电子公司的研发所多达几十家,研发人员占员工的数量达到40%,正是依靠强大的研发力量,韩国企业在世界市场的影响力不断加大。

三、加大研发投入

政府对研发的投入是衡量一国重视科技与否的标志之一。韩国高度重视加大财力投入与有效的激励,通过提升技术进步在经济增长中的贡献,实现由低成本优势向创新优势的转型。1962 年韩国研发投入仅占 GDP 的 0.28%,1980 年达到 0.56%。从 20 世纪 80 年代开始,韩国加大对研究开发的投入强度,研发投入规模每年增长 10% 以上。2008 年韩国研发投入占 GDP 比重达到 3.3%,超过日本、美国、德国等发达国家。美国国家科学基金会(NSB)理事会公布的《2012 年科学和工程学指标》(*Science and Engineering Indicator*,2012)中,韩国是"世界研发支出七大国"之一,投入总规模列世界第六位,仅次于美、中、日、德、法。据统计,2006 年韩国每千人中的研发人员达到 4.8 人,而陷入"中等收入陷阱"的阿根廷则仅有 1.1 人,韩国是后者的 4.4 倍。

四、极端重视人才

韩国对培养人才可谓不遗余力。政府为优秀高中生设立"总统科学奖学金",鼓励他们报考国内外名牌大学,培养世界级科学家。无论是考取国内大学还是国外大学都会颁发额度不等的奖学金。对在韩国投资的外国高科技企业,政府鼓励在韩国设立研发中心,如果研发中心雇佣韩国的科技人才,韩国政府还会给予一定的资金支持。韩国目前总人口中每万人有研发人员近 40 人,处于世界领先水平。同时,韩国注重加强技能培训,培养大批能够满足创新活动需要的各类技术工人。

五、科技法律支撑

韩国通过立法为企业从事技术创新活动提供制度保障。自 20 世纪 60 年代起,韩国陆续颁布实施了《科学技术促进法》《科学家教育法》《技术开发促进法》等科技法律。进入 90 年代后,韩国以进入高科技国家为目标,制定了一系列强化政府科技管理的法令。2001 年颁布的《科技框架法》涵盖法律多达 29 种,形成一整套较为完备的促进创新的科技法律体系,为韩国的科技创新活动提供重要的法律支撑,有效地促进了韩国创新活动的开展。

六、政府采购扶持

实践表明,政府采购对本国高新技术发展能起到一定的扶持作用。韩国支持创新的一条重要经验是通过立法强制政府对本国高新技术产品进行采购。韩国法律规定,政府机关和公共事业单位年度预算的采购计划中,必须含有购买本国中小企业产品的内容;各部门可以按高于国外同类产品的价格优选采购本国产品。为扶持民族工业发展,1983年,韩国公立学校率先购买价格高昂的 5000 台国产计算机,成为推动韩国计算机产业发展的原动力。韩国政府 2004 年以 10 倍于同类进口汽车的价格采购数百辆现代公司新研制的清洁燃料汽车,政府采购国产软件的份额更是占到国内市场的 50% 以上。

第三节　芬兰:小国大创新

芬兰是一个面积仅有 33 万平方公里、人口 540 万的北欧小国,多次被世界经济论坛评为世界上最具竞争力的国家之一。其奥秘在于,从 20 世纪 80 年代开始,芬兰就着力推动经济从要素驱动、投资驱动向创新驱动转型,从"以资源为基础"的增长模式成功升级为"以创新为驱动"的增长模式。经过多年的探索与完善,芬兰建立了适合本国经济发展的创新机制,现已形成从教育研发投入、企业技术创新、创新风险投资到提高企业出口创新能力等一整套完整的国家创新体系。对于正迈向创新驱动增长的中国而言,芬兰的很多做法值得我们借鉴。

一、打造世界一流的国家创新体系

所谓国家创新体系,是指政府、大学、企业、研究院所、中介机构等为一系列共同的社会和经济目标,通过建设性的相互作用而构成的机构网络,其主要功能是配置创新资源,协调国家的创新活动。芬兰是世界上首个将国家创新体系用于构建科技创新产业政策的国家。

在这一体系中,议会、内阁、科学与技术政策理事会组成首要政治机构,属于顶层设计部门,决定着芬兰创新发展的方向。教育部、贸易与工业部等政策制定部门属于第二层级的创新机构,负责将抽象的战略、政策、理念转化为能够落地实施的具体措施。第三层级的创新机构包括隶属教育部的芬兰科学院、直属国家议会的芬兰创新基金会(SITRA)与就业与经济部下辖的芬兰国家技术创新局(TEKES),这是芬兰创新机构体系中的政策落实及协调部门,是推动科技成果向现实生产力转化的重要载体,实现了政府意志与市场运作的有机结合。以芬兰国家技术创新局为例,其使命主要是通过制度和政策来促进创新的迅速推进,使国家创新事业走在"开放式、多层次、跨领域、实用化"的系统发展轨道上。芬兰国家技术创新局还为具有高风险性和创新性的研发项目提供无偿资助或低息贷款,提供资助的形式取决于研发项目的性质,是企业和研究机构进行重大科研和产品研制项目的资助者和促进者。企业、芬兰技术研究中心(VTT)、行业协会、大学等属于第四层级的创新政策的具体执行机构。企业既是技术创新的重要参与者,也是技术成果的直接受益者,是芬兰创新体系中最积极和活跃的部分。芬兰技术研究中心主要负责执行和开展技术开发和应用研究,提供高端科技解决方案和创新服务。行业协会能够把政府、企业和各种社会资源整合起来，共同围绕某一个产业发展的目标，组成一个集群，进行研究开发、生产组织和市场开拓。第五层次是知识与技术转移机构，其主要完成者是芬兰的企业、科技园区、商业园区和孵化器。第六层次是产品供应与服务供应机构，支持和推动创新与资本的融合。

二、以教育引领创新

芬兰政府长期重视教育，认为教育是芬兰的竞争力，是保障芬兰创新驱动发展的关键环节。从 20 世纪 60 年代起，芬兰政府就把普及基础教育置于国家政策的重心，每年用于教育方面的支出在国家预算中居第二位，仅次于社会福利开支。芬兰教育支出占 GDP 比重高达 7.5%，远远超过世界平均水平。在基础教育方面，芬兰实行 9 年义务教育，其目标是提高学生所需基本知识和技能，消除人们因社会背景不同所造成的差异，努力使学生成为乐于探索、有道德并能接受更高层次教育的社会成员。在高等教育方面，芬兰是欧洲教育体系最完善的国家之一，约有 1/5 的人口接受高等教育。全国拥有 20 余所大学，人均拥有大学和图书馆的比例高居世界前列。在芬兰，企业多侧重于应用研究及开发，基础研究几乎全部由大学承担，政府为大学科研提供各种服务，大学则为国家源源不断地培养创新人才。芬兰从 20 世纪 90 年代开始设立技术学院，以职业为导向，培养具有高级技能的人才为目标。目前，芬兰共有二十多所技术学院，成为芬兰高等教育的主要组成部分，为企业输送了大批创新型人才。不得不提的是，芬兰的创新能力高很大程度上也得益于男女能平等享受各类教育。政府非常注意保护和鼓励女性的求知欲和学习热情。在最近二十多年获得博士学位的人数中，女博士所占比例在 1/2 左右。

三、合理发挥政府在创新驱动中的作用

创新驱动需要治理。在创新驱动中政府扮演何种角色是个值得深入研究的问题。芬兰政府巧妙发挥"看得见的手"与"看不见的手"的协同作用,成功实现了创新驱动经济发展的战略目标。政府定位清晰,目标明确,充当了"创新服务者"的角色,主要是服务于市场和企业,注重激发企业和市场的活力。政府将科研机构、大学、公司企业同政府主管科技事业的教育部、贸工部等部门联系起来,制定直接支持企业进行研究开发的政策,通过宏观指导和协调,引导企业、高等院校和研究机构密切合作,推动技术开发及科技成果的转化,使科技成果快速转化为生产力。在基础研究领域,政府着力打造"创新生态圈",专门成立了许多理事会、委员会、论坛等,为不同领域、不同背景的研究者提供交流思想和观点的平台,有效调动了各方积极性,同时促使研发活动更贴近市场,更符合企业需求。同时,芬兰政府认为,人才是芬兰第一资源。基于此,政府一方面营造良好的创新创业环境,为创新人才提供施展才华的舞台,形成人才集聚效应;另一方面,政府制定法律法规,从制度上防止本国创新人才外流,给原有企业造成巨大经济损失。

四、保持对科技开发的高强度投入

芬兰之所以在世界创新领域拥有一席之地,与其在科技研发领域持续不断的高强度投入是分不开的。20 世纪 70 年代早期,芬兰主要是通过大规模的要素投资带动经济增长,研发领域的投入极少。进入80 年代之后,芬兰研发领域投入快速提高,1981 年研发经费占 GDP 比重是 1.17%,1985 年上升到 1.55%,到 1991 年则突破2%,2000 年达到

3.4%,此后有的年份达到4%左右,远远超过欧盟不足2%的平均水平,也超过了美国的投入水平,是世界上投入水平最高的国家之一。我国现在的研发经费占GDP比重刚超过2%,仅相当于芬兰20世纪90年代初的水平。此外,政府还以免税的方式鼓励企业资助大学和研究机构的技术研发活动。政府将重大科技发展项目纳入国家计划,与企业联合投资,成果则归企业使用。在政府的示范影响下,芬兰研发经费投入中私营部门的比重已达到70%。

五、设立高科技产业园区

芬兰成为世界一流创新驱动型国家的成功秘诀还包括设立高科技产业园区。在20世纪90年代,芬兰选择以产业集群带动经济发展,通过设立高科技产业园区提高产业发展的关联性,一举实现战略转型。芬兰的高科技产业园区一般建在当地著名高校和科研机构周围,以州为依托,把科研、生产和产品销售紧密结合在一起,使科研成果迅速产业化,企业可以充分利用大学和科研机构的图书资料和实验设备等公共资源,同时也能从高校或科研机构中获得最新科研成果。芬兰高科技园区一般规模不大,但都符合当地经济发展特色和大学的人才优势,非常有力地促进技术创新和高技术企业的融合发展,可谓是因地制宜、量体裁衣的典范。各个园区有相对明确的发展方向,逐步形成了各具比较优势和特色的产业结构。同时,芬兰发达的风险投资公司为创新提供充足的资金支持。通过发挥园区的平台作用,芬兰打通了科研成果从研发到转化的相关环节,实现了创新驱动经济发展的目标。

第四节 以色列:创新创业的国度

以色列国土面积约 2.5 万公里,人口 800 万左右,年降雨量不足 200 毫米,自然资源贫瘠。1948 年建国后在强敌环伺的中东地区迅速崛起,在电子通信、生物技术、现代农业、军事、化工等领域居于世界领先地位,堪称是"袖珍超级大国",赢得了世界各国的赞誉。以色列能取得如此辉煌的成就,与其高度重视创新密不可分。以色列创新驱动国家从弱小到强大的经验对正在迈向创新型国家的中国具有较强的借鉴价值。

一、别具一格的教育模式

创新发展本质上是创新驱动的发展,是人才驱动的发展,而教育为创新发展提供了不竭的源泉。以色列国父、第一任总理本·古里安指出:"没有教育,就没有未来。"建国伊始,以色列制定《义务教育法》,规定所有 5—14 岁的儿童都必须接受免费的义务教育;到 2001 年,进一步将义务教育范围扩大至 3—18 岁。在以色列的教育理念中,孩子提出问题的能力比解决问题的能力更重要,越是一般人认为不可能做的事情,就越有创新的机会和可能。以色列中小学教育关注孩子的天性,注重寓教于乐,培养孩子在游戏中的参与感、规则意识与竞争意识,提升其表现自我的能力。课程设计多以"解决问题方案"为主,教师引导学生提出目标,组成团队,共同寻找解决问题的方法和技巧。以色列的大学教育注重对学生创新创业能力的培养,支持每个大学成立孵化器并进行资金资助。教学中采取灵活的学分制,学生可以根据自己的需求,缩短或延长学习时间,因而大学生创业热情很高。还需指出,以色列政府对教育的投入在世界上也是首屈一指的。自 20 世纪 70 年代中期以来,其教育经费占 GDP 的比例基本维持在 8% 以上,远高于美国、英国等发达国家。

以色列独特的教育模式培养大批高素质的劳动力及创新型人才。按人口比例计算,以色列的科学家和工程师数量,以及在校大学生人数等指标,目前均居世界第一位,其中,每万名雇员中拥有 140 名科技人员或工程师。

二、适于创新的"生态环境"

以色列之所以成为成功的创新驱动型国家,在沙漠上创造出现代经济发展的奇迹,适于创新创业的"生态环境"是一个重要因素。

以色列建立起以创新企业为主体,政府部门、研究性大学、研究机构等为支持的多层次研发体系,协同创新,促进科技成果的转化,开发出众多先进技术。政府通过建立技术孵化机制,分担创新型高科技企业前期的高风险,引导风险资本的投入,增强企业融资的能力。孵化器为初创企业提供全方位的支持,包括融资、研发设备、管理咨询、潜在市场的开发等,政府承担所有成本的 85%。政府的要求是企业研发成功的产品必须在以色列境内生产,按照销售收入的一定比例偿还政府的资助。在 2010 年以前,以色列每年为孵化器企业提供超过 3500 万美元的资金支持,2010 年以后进一步升级为"共担风险,但不共享收益"的方式支持企业家创业。在以色列,挑战约定俗成的东西,摆脱思维条条框框的束缚已成为以色列人的习惯。无论是在科技界还是在政府及教育部门,创新者们都能够表达自己的"异见",并通过创办属于自己的公司将其付诸实践,这在很多国家是很难达到的。

三、巧妙设计的风险投资

风险投资的广泛参与是以色列创新的一大特色。以色列风险投资是世界上最发达的国家之一。风险投资一方面解决了中小企业发展初期的资金匮乏难题;另一方面,引入规范的市场运作方式和经验,弥补企业管理经验的不足,激发了科技企业的潜能和创造力,成为新兴企业发展的重要扶持力量。

以色列政府通过亲自参与示范引领,增强风险投资家的信心,建立了完善的退出机制,使风险投资市场获得发展空间,反过来又进一步推动了科技企业的创新活动,形成良性互动的循环。早在 1993 年,以色列就启动了"首创"(Yozma)计划,将发展风险投资作为国家的重要战略方向之一。该计划内容如下:政府出资 1 亿美元创建 10 个风险资本基金,每份基金均由接受培训的以色列风险资本家、一家国外的风险资本公司与一家以色列投资公司或者银行组成。其运行思路是:政府借钱给企业投资,如果失败了,企业一分钱也不用还给政府;但是,如果赚钱了,只需要把最初的投资再加上每年的利息还给政府。"首创"计划实施以来,为数百家以色列新成立的公司提供资金支持和创业辅导,其引领的"风投"热潮也让以色列成为世界风险投资青睐的国家,持续不断的风投投资为以色列初创科技公司的茁壮成长提供了充足养分。目前,以色列人均风险投资世界第一,高科技创新企业达 4000 多家,密度全球最高。以色列的人均风险资本投资是美国的 2.5 倍,是欧洲国家的 30 余倍、中国的 80 倍、印度的 350 倍(2008 年)。由此可见,以色列风险资本的充足和风险投资行业的发达程度,这也决定了以色列创新公司的数量和质量。

四、持续稳定的研发支出

研发支出占 GDP 比重是衡量一国重视创新与否的重要参考指标。从 20 世纪 60 年代开始，以色列就加大了对研发的支持力度，投入大量资金进行科技创新与技术研发。据联合国教科文卫组织统计，以色列研发支出占 GDP 比重维持在 5% 左右，大大超过经合组织（OECD）的平均值，曾多年位居全球首位。

以色列政府的研发投入主要来自教育部、科技部和工贸部。教育部主要投入基础性、前沿性、具有"公共产品"属性的研发项目。科技部重点支持国际科技的交流与合作。工贸部则侧重于促进以色列经济发展的技术产品研发、发挥以色列独特的科技资源的高附加价值技术产品研发，以及支撑以色列高技术产业的知识研究。当然，企业自身的研发和投资也非常重要，以色列企业在研发方面的投资也是全球排名第一。正是得益于高强度的研发支出，以色列才能厚积薄发，在通信技术、生命科学、计算机软件、医疗机械等高新技术领域创造出世界一流的科技成果，其高科技产品占全国出口额的 70% 以上，引领世界创新潮流，是典型的"小国大创新"。

五、健全有效的法律法规

制度建设对创新不可或缺，以色列先后制定和实施一系列促进创业及高科技产业发展的法律法规保障创新。如《投资鼓励法》（1959）、《工业研究与发展促进法》（1984）、《国家民用研究与发展理事会法》（2002）等。这些法律法规包含大量鼓励创新的措施，有效地促进了创新创业活动的开展，为高技术产业提升技术创新水平给予了有效支撑。以色列在 2011 年颁布了《天使法》，鼓励符合资格的行为主体投资以色列高科技私营企业,可以从所有渠道的应纳税所得中减去他们的投资数额。同时,以色列实行严格的知识产权保护制度,通过《产权法》《版权法》等对创新者的成果给予有力保护。有效的制度保障对提高以色列经济竞争力、迈向创新型国家发挥了十分重要的作用。

六、包容失败的创新文化

创新创业是艰难的历程,最终脱颖而出获得成功的终究是少数。虽然以色列的创业比例在全球位列前茅,但并不意味着其能完全规避失败的风险。在以色列投资者看来,如果不能包容相当数量的失败,真正的创新也就不可能实现。由于以色列实行普遍义务兵役制,军队培养了以色列人敢于质疑、挑战权威、不怕犯错误的精神,大家对失败采取一种宽容的态度,注重强调检讨创新过程中的不足,而非追求失败者的责任。因而以色列社会各界对创新非常包容,没有人会因为创业者的失败对其冷嘲热讽,反而对这一群体非常尊重。从某种程度上说,正是因为对创新失败的包容,以色列年轻的创业者们不存在任何后顾之忧,"不唯书,不唯上,只唯实",敢于求新求异,不断提出新观点、新创意,一大批创新型产品得以问世,进而改变了整个世界。

第五章　中央政府:迈向创新强国

经济发展史表明,世界经济的发展实质上是创新驱动经济不断从较低层次跃升到较高层次的发展。在从经济大国迈向经济强国的征程中,中央政府必须转换发展思路,发挥战略性引领作用,实现从要素驱动发展为主向创新驱动发展的根本性转变,从"规模赶超型"中央政府转变为"质量效益型"中央政府。

第一节　补齐创新驱动的"短板"

中国在赶超型发展理念的指引下已经成长为一个经济大国,但缺少创新的支撑很难成为具有一流竞争力的经济强国。中国经济发展进入新时代,高质量发展成为基本要求,必须靠创新驱动使中国从传统要素主导的粗放发展向创新要素主导高质量发展转变,产业分工从价值链中低端向价值链中高端跃升,从过度依赖投资与出口的"斯密型增长"转向创新为主的"熊彼特型增长",从过度倚重比较优势转向塑造竞争优势,培育新的增长动能。

一、观念调整：从"赶超型"转向"战略型"

透视世界创新强国的成长历程，可以发现，大多数国家都是从技术模仿、跟踪、追赶到并行再到领跑。一国经济在起飞时期，由于人力资本存量较低、资本短缺及研发投入不足，无法从市场获得充足的技术供给，政府在创新驱动过程中可以发挥主导性作用，通过对国外先进技术的引进、消化与吸收再创新，实现对先发国家的技术赶超。但随着创新能力的提升，该国的创新能力将逐步从追赶到并行进而有可能实现领跑，进入创新的"无人区"，达到这一时期，适时调整优化本国的发展战略尤为重要。

经过多年努力，中国科技实力快速提升，科技人力资源总量超过7100万，研发人员超过535万，均位居世界第一（2015年）。科技进步贡献率从2010年的50.9%提高到2017年的57.5%，研究开发投入快速增长，研发投入总量位居世界第二位，R&D占GDP比重达2.12%（2017年），预计到2020年将达到2.5%。部分行业正从追赶向赶超及少数领跑转变。中国在从"1到N"方面已相当成功，迈向经济强国需要多做"0到1"的工作，及时调整中国发展思路及战略，既是形势所迫，更是大势所趋。

经济发展进入新时代，迈向高质量发展，中国亟须从数量赶超向质量提升转型。中央政府已对发展战略进行调整，将创新驱动作为国家层面的发展战略。2016年颁布的《国家创新驱动战略发展纲要》作出明确部署——第一步，到2020年，进入创新型国家行列，基本建成中国特色国家创新体系，有力支撑全面建成小康社会目标的实现。第二步，到2030年，中国跻身创新型国家前列，发展驱动力实现根本转换，经济社会发展水平和国际竞争力大幅度提升，为建成经济强国和共同富裕社会奠定基础。第三步,到2050年建成世界科技创新强国,为建成富强民主和谐美丽的社会主义现代化国家、实现中华民族伟大复兴中国梦提供强大支撑。由上可见,中国每个阶段的创新目标都分别与全面建成小康社会、基本实现现代化及现代化强国建设的目标相呼应并提供支撑。

从中央政府层面来看,确立创新赶超—引领策略,把创新驱动发展作为国家发展的优先战略。让市场在资源配置中起决定性作用和更好发挥政府作用,破除一切制约创新的思想障碍和制度藩篱,激发全社会创新活力和创造潜能,强化科技同经济对接、创新成果同产业对接、创新项目同现实生产力对接、研发人员创新劳动同其利益收入对接,营造大众创业、万众创新的政策环境和制度环境。

通过调整发展战略,让创新活力竞相迸发,创新成果得到充分保护,创新价值得到更大体现,创新资源配置效率大幅提高,创新人才合理分享创新收益,使创新驱动发展战略真正落地,打造促进经济增长和就业创业的新引擎,构筑参与国际竞争合作的新优势,推动形成可持续发展的新格局,促进经济发展方式的根本性转变。

二、加强国家创新体系建设

国家创新体系的概念是由英国技术创新研究专家弗里曼1987年提出的。弗里曼把创新定义为一种国家行为,其"国家创新体系"的基本含义是:"是由公共和私有机构组成的网络系统,它们之间的相互作用及其活动促成、创造、引入、改进和扩散各种新知识和新技术,使一国的技术创新取得更好的绩效。"在这个系统中,弗里曼尤其关注四个因素:作为技术创新主体的企业以及产业结构的作用,作为科学技术知识研究开发的机构和高校,促成科技知识转移和扩散的教育培训部门以及中介机构的作用,作为创新系统协调机构的政府国家及其政策的作用。1993年,美国经济学家纳尔逊进一步丰富和完善了弗里曼的国家创新体系思想。基于弗里曼强调的四大因素,纳尔逊认为,现代国家创新体系在制度上是相当复杂的系统,该系统既有制度因素也有技术行为因素,既包括企业、研究机构和研究型大学,还包括政府的相关机构以及社会中介机构等。因此,必须建立有利于创新的制度,通过科学有效的制度来优化创新资源的配置,协调创新活动的开展,这既是国家创新体系的主要功能,也是国家创新体系能否有效发挥作用的保障。

中国经济已转向高质量发展阶段,创新作为引领发展的第一动力,其在现代化经济体系建设中的地位和作用越发重要。建设国家创新体系,促进创新要素顺畅流动,创新资源高效配置,用、产、学、研、政、社等创新主体协同互动,形成产学研结合、上中下游衔接、大中小企业协同的机制,解决好"由谁来创新""动力哪里来""成果如何用"三个基本问题,不断增强中国发展的创新驱动力与核心竞争力。

推进国家创新体系建设,一是建设一支强大的战略性科技力量,抢占前沿竞争制高点。国家实验室是肩负国家使命、保障国家安全的创新能力支柱,是少而精、大而强的机构。发达国家已将国家实验室视为抢占科技创新制高点的重要载体。我们应以国家目标和战略需求为导向,加强战略谋划,找准方向,加快布局。二是建设综合性科技创新基地。加快建设北京怀柔、上海张江、安徽合肥三个综合性科学中心,将北京、上海建成具有全球影响力的科技创新中心等。此外,应在智能制造和机器人、深空深海探测、脑科学等领域建设若干国家创新中心。三是完善重大科技项目推进体系、强化以企业为主体的技术创新体系、建设各具特色的技术创新体系、完善军民融合体系等。此外,还应建立起政府和企业、企业和高等院校、企业和科研部门以及与各种中介服务机构之间良性互动、相互激励、相互支持、共同发展的机制,使科研部门和高等院校在科学技术研究上的优势通过企业家和企业的创新活动,真正成为经济增长的动力。

三、夯实创新的基础

创新驱动既关乎一国当前经济增长也关系到该国长期发展的后劲。对于中央政府而言,既要做好当下的工作,更要放眼未来,提高基础研究能力和原始创新水平。基础研究是一国创新实力的"源头"和基本功,是创新的"供给侧",已成为国家的一种重要战略资源。基础研究具有一定的"公共产品"属性,显著特征之一是厚积薄发,其进展往往难以预测,需要在宽松环境下长期积累才能取得重大成果。但是,基础研究的每一次重大突破,都会对人们认识世界和改造世界能力的提高、对高技术产业的形成和经济发展与社会进步产生深远的影响。

基础研究素养高的人才源源不断地进入社会政治、经济、文化、国防等各行各业,将会大大提升现代社会的整体创新能力。由于难以在短时间内获取现实利益,对于大多数企业而言,缺乏进行基础性研究的内在激励。但基础性研究又是企业创新所无法回避的,所以政府层面的支持显得尤为必要。发达国家都高度重视基础研究,并不断加大投入力度。法国基础研究投入占全社会研究研发投入的比重高达26.3%(2010年),美国为19%(2009年)。在1967—1973年,日本基础研究投入占 R&D 比例平均为25%。韩国在20世纪70年代初经济起飞时期基础研究经费占 R&D 总经费的比例为22.9%。超前的、高强度的持续投入,提升了智力资本的积累,为这些国家创新能力的整体提升提供有效保障。以美国生命科学研究为例,政府首先支持国家卫生研究院进行基础性研究,同时对高校的基础研究项目也给予大量的资金支持。当这些研究取得进展时,企业才逐步介入,将研究成果转化为经济成果。

历史经验表明,那些抓住科技革命机遇走向现代化的国家,都是科学基础雄厚的国家;那些抓住科技革命机遇成为世界强国的国家,都是在重要科技领域处于领先行列的国家。当今,综合国力的竞争已明显前移到基础研究。一国基础研究的深度决定其创新的高度,只有基础研究的整体水平提升了,一国的经济发展才能后劲充足,进而实现"弯道超车"。美国学者认为,科学既是无尽的前沿也是无尽的资源,是国家利益中的一种关键性投资。中国要从经济大国成为经济强国,必须更加注重推进基础性、前沿性、系统性的创新。近年来,中国基础研究进步明显,已成为全球高质量论文第二大贡献国,取得一批重大创新成果,积极参与国际大科学工程。但与发达国家相比,具有国际影响力的重大原创成果偏少,引领世界潮流的大师级科学家偏少,基础研究促进经济社会发展的作用少。党的十九大报告明确提出,要瞄准世界科技前沿,强化基础研究。按照《国家创新驱动发展战略纲要》的部署,中国到2050年要成为世界科技强国,成为世界主要科学中心和创新高地,必须拥有一批世界一流的科研机构、研究型大学、创新型企业,拥有持续涌现一批重大原创性科学成果的实力。因此,开展面向科技强国的基础研究,抢抓新一轮科技革命和产业变革机遇,塑造引领型发展新格局,是当前及未来一个时期的重大任务。

与世界创新强国相比,中国在基础研究领域投入不足,制约了原始创新能力的提升,跟踪式的研究偏多,领跑原创成果较少,造成中国在一系列核心关键技术上受制于人。据测算,中国目前受制于人的核心技术超过200项,一些重要产业对外技术依存度超过50%。在迈向强国的新征程中,实现关键核心技术安全、自主、可控,解决好"卡脖子"问题,迫在眉睫。未来需要加大对基础研究的财政投入力度,完善稳定支持和竞争性支持相协调的机制,调动社会各方面重视和发展基础研究的积极性。比如,尽快将基础研究经费占 R&D 投入比例提升到10%以上。支持研究机构自主布局科研项目,扩大高等学校、科研院所学术自主权和个人科研选题选择权。直接投入到研究型大学和研究机构等。基础研究事业经费应主要用于以发挥特色、稳定研究方向、研究队伍及技术力量,以及基础性设施的维护、运行。要把握世界科技前沿发展态势,实施非对称战略,超前规划布局,强化对数学、物理、化学等基础研究的支持力度。在明确国家目标和紧迫战略需求的重大领域,整合国家战略科技力量,组建一批引领型、突破型的国家实验室,形成抢占国际科技制高点的重要战略创新力量。

同时,发挥政府、企业与社会多方支持基础研究的合力,确保对基础研究的投入持续稳定增长。为基础研究营造良好的"生态环境",改革基础研究领域科研计划管理方式,尊重科学规律,建立包容和支持"非共识"创新项目的制度。建立健全适合基础性、公益性、战略性研发的评价体系。

四、以全球视野谋划和推动开放式创新

随着全球化、信息化、网络化深入发展,世界科技一体化、研发全球化的趋势越来越明显,促进了信息、技术、人才等创新要素的跨国流动与生产力要素和科技资源的全球配置,开放与合作成为创新的必然选择。当前,各国在人工智能、生物医药、新材料、新能源等领域不断取得新突破,这为中国充分利用世界创新资源提供了条件。从经济大国迈向经济强国,中国必须树立全球视野和国际眼光,在更高起点上推进开

放式创新。① 要"站在月球看地球",不能在封闭的圈子里搞"小循环",应立足国际科技资源加快流动和重组的实际,在更广的领域、更大的深度上利用全球创新资源,推动开放式创新,在开放合作中提高中国产业技术水平和科技实力。

首先,鼓励创新要素跨境流动。支持企业、地方政府与高新区提高引进消化吸收再创新的水平,鼓励企业到海外建立研发机构。支持跨国公司、国际学术组织等来华设立研发机构,吸引全球优秀科技人才来华创新创业。如深圳通过吸引大量世界各国的创新人才前来创业,在多个前沿领域取得突破。政府对科研人员因公出国可进行分类管理,放宽因公临时出国批次限量管理政策。对研发所需的各种设备、样本及样品进行分类管理,在保证安全的前提下,可采用重点审核、抽检、免检等方式,提高审核效率。

其次,优化境外创新投资管理制度。健全综合协调机制,协调解决重大问题,形成支持国内技术、产品、标准、品牌"走出去"开拓国际市场的合力。强化技术贸易措施评价和风险预警机制。鼓励上市公司海外投资创新类项目,减少无效投资,改革投资信息披露制度,在不影响国家安全和经济安全的前提下,根据中外企业商务谈判进展,适时披露有关信息。

再次,扩大科技计划对外开放。围绕战略需求积极参与国际大科学计划和工程,政府应支持中国科学家发起和组织国际科技合作计划。与各国加强在能源资源、粮食安全、人口健康、气候变化等全球性问题上的科技合作,共同应对人类面临的挑战。统筹推进"引进来"与"走

---

① 开放式创新是各种创新要素互动、整合、协同的动态过程,该模式认为企业的边界是可以渗透的,要求企业与所有的利益相关者之间建立紧密联系,以实现创新要素在不同企业、个体之间的共享,构建创新要素整合、共享和创新的网络体系。

出去"合作创新,主动融入布局全球创新网络,在全球范围内优化配置创新资源,力争成为若干重要领域的引领者和重要规则的贡献者,积极提出并牵头组织国际大科学计划和工程,提升中国在全球创新治理中的国际话语权与影响力。

最后,建立健全国家科技计划对外开放的管理办法,按照对等开放、保障安全的原则,积极鼓励和引导外资研发机构参与承担国家科技计划项目。在基础研究和重大全球性问题研究等领域,统筹考虑国家科研发展需求和战略目标,研究发起国际大科学计划和工程,吸引海外顶尖科学家和团队参与。积极参与大型国际科技合作计划。引导外资研发中心开展高附加值原创性研发活动,吸引国际知名科研机构来华联合组建国际科技中心等。

五、服务创新的"政—市"关系重塑

政府在创新中究竟发挥何种作用是个长期值得探讨的话题。一般认为,市场能发挥作用的地方都应由市场发挥作用,让企业真正成为创新的主体,市场成为配置创新资源的决定性力量。政府则以公共性为价值取向,只做市场做不了或做不好的事情,在市场无法有效发挥作用及企业不愿意投入或无力投入的领域发挥补充作用,其职责定位于提供与创新相关的公共产品,制定规则与制度,为创新创业营造良好的外部生态环境等。

(一)完善体制机制,充分发挥市场在资源配置中的决定性作用

基于信息的复杂性及市场的变幻莫测,政府代替市场决策,很难获得成功,往哪个方向发展应由市场决定。比如,究竟应该选择何种技术路线?市场才是真正的"试金石",是最终的决定者。这方面政府失败的案例很多。

因此,应充分发挥市场对技术研发方向、路线选择、要素价格、各类创新要素配置的决定性作用。通过完善价格机制,使其能充分反映供求变化,进而引导企业的创新行为。可以按照投入股权化、运作市场化的原则,确立市场化的项目发现机制和竞争性的资金分配机制,探索完善财政资金的股权进入与退出机制,促进企业公平竞争,实现财政资金的良性循环和保值增值。

完善政府科技资源配置方式,政府财政应重点扶持市场机制不能有效解决的前沿技术、基础技术、重大共性关键技术研究等公共科技活动,提高科技储备能力和创新质量。[①] 重视公共科技资源的社会效益,加强创新基础设施和公共平台建设,扩大公共支出的受益面,如科技基础设施、科技公共服务平台建设等。建立通畅的成果转移和扩散机制,促进技术利用和推广。

(二)转变政府职能

当前,政府主要以财政手段扶持创新企业,资金使用分散,类似"撒胡椒面",效果不佳。对于初创期创新企业的资金需求而言,财政资金仅仅是"雪中送炭",如果没有取得后续资金的支持,初创企业依然难以实现持续健康发展。对于已经相对成熟、竞争力较强的大型企业而言,政府财政资金更类似于"锦上添花",激励作用极为有限。在实际操作中,如果政策设计不当,直接扶持具体科技项目的政策,容易出现激励扭曲,企业会为"套取"政府的扶持资金而偏离市场需求,有些领域甚至出现弄虚作假现象。近年来,在光伏领域、新能源汽车领域都出现骗取财政补贴的案件。

---

① 《中国制造2025》中提出,到2020年,重点形成15家左右的制造业创新中心,力争到2025年形成40家左右的制造业创新中心。通过建设制造业创新中心,提升关键共性技术供给能力,促进技术转移扩散和首次商业化应用,打造跨界协同的创新生态系统。

基于此，政府应转变思路，转向负责科技发展战略、规划、政策、布局、评估和监管，不再直接管理具体项目。除极少数涉及国家安全的战略性产业和项目外，应实行普遍性激励政策，从具体项目扶持转向营造公平竞争的市场环境，力争调动全社会创新的积极性，促进创新的扩散。财政资金严格按照分类投资的指向，投入到基础研究、前沿引领性技术、重大颠覆性技术和重大共性关键技术上。通过财政贴息、产业基金、技术创新引导基金、产学研合作等方式引导社会资金和金融资本进入技术创新领域，发挥财政资金的杠杆乘数效应。

必须强调的是，政府在发挥作用时，必须合理适度，不可越俎代庖，取代企业在创新中的主体地位。与西方国家不同，中国无论是中央政府还是地方政府在创新驱动中都发挥着重要作用。要进一步明晰中央和地方科技管理事权和职能定位，建立责权统一的协同联动机制，提高行政效能。当前，很多地方政府响应中央政府的号召，纷纷开展创新试点，建设创新型城市及创新示范区。中央政府应顺应这一发展趋势，及时总结经验教训，将地方的成功做法上升至全国层面。

在那些关系国计民生和产业命脉的领域，政府不应缺位，而要积极作为。确定好辅助的技术方向和路线，抓好国家科技重大专项和科技重大工程等，掌握更多的关键核心技术，抢占制高点。从中国具体实践看，集成电路、大飞机、航空发动机等战略性产业，投资强度大、投入风险高、回收周期长，市场主体进入的意愿偏低，市场存在"失灵"，需要政府集中资源给予一定的扶持。

（三）完善创新驱动导向评价体系

高质量发展的特点之一是创新成为第一动力。发挥好创新在高质量发展与经济强国中的作用，必须建立科学高效的创新驱动评价体系。应建立科技创新、知识产权与产业发展相结合的创新驱动发展评价指标,并纳入国民经济和社会发展规划。不断完善国内生产总值核算方法,体现创新的经济价值。优化国有企业技术创新经营业绩考核制度,加大技术创新在国有企业经营业绩考核中的比重。对国有企业研发投入和产出进行分类考核,形成鼓励创新、宽容失败的良好机制。改变传统的党政干部考核过度偏重 GDP 的制度,把创新驱动发展的成效纳入考核范围。

建立不同的评价标准体系。对于基础研究项目,要弱化学术论文发表数量,侧重同行评议、参考论文引用率等;对于应用技术研发项目可采取市场评价的办法,强化发明专利授权、技术成果转化率、促进产业技术进步等方面的考核;对新技术产业化和推广项目应开展全寿命期内的能源效率和环境效果评价。

(四)建设良好的服务平台与生态环境

一个国家真正迈向创新驱动,离不开有利于创新资源高效配置和创新潜能充分释放的生态环境。良好的创新生态环境是一种政府应提供的公共产品。某种程度上,"生态环境"(营商环境)本身就是一个国家的核心竞争力。

创新的主角是企业。政府的任务是做企业创新的"催化剂"。政府"搭好台",让企业"唱好戏"。尊重市场规律,做好科技公共服务,给予企业创新最大支持。从发达国家实践来看,政府也经常采取扶持战略性产业、建设公共服务平台、资助关键共性技术研发等措施,甚至当某些大企业遇到自身不可克服的困难时,政府直接出资入股予以支持。

在"大众创业、万众创新"的氛围下,政府可将公共服务平台的建设作为扶持创新的抓手,政府可借此平台为中小企业创新提供技术、标准和质量检测等服务,帮助中小企业拓宽创新融资渠道。完善面向企业创新的公共服务体系,面向企业布局一批创新公共服务平台,创建公共技术服务联盟。优化企业创新融资环境,建立和用好产业发展基金,加大对科技企业的支持力度。通过建立创新政策咨询制度,促进科技决策咨询的法治化、规范化,凡属重大科技决策要广泛听取意见,鼓励公众以有序化和制度化方式参与科技决策,吸收更多企业参与研究制定技术创新规划、计划、政策和标准。统筹优化政府对创新活动的服务和引导,促进人财物等创新资源向企业流动聚集。坚持服务社会,做创业创新的"服务器"。创业创新的孕育成长,从政府层面上看,关键在健全扶持政策,完善创业服务体系。应积极清障搭台、优化服务,消除行政管理横向、纵向限制,用政府权力的减法换取市场活力的加法。坚持政府"事前"不干预、"事中"指导、"事后"扶持的原则,以社会力量为主推动形成大众创业、万众创新的良好局面。积极通过加大财政补贴、税费优惠、金融支持等方式,帮助小微企业做大,为创业创新提供更有力的政策支持。

六、营造有利于创新的文化氛围

创新驱动发展既需要正式制度的规范和引导,也需要非正式制度的激励。文化作为非正式制度的重要内容,对创新的影响不可忽视。世界经济发展的历史表明,文化与创新的发展同样有着相当密切的关系,良好的文化环境有利于科学发展与技术创新。中国迈向现代化强国,中华民族实现伟大复兴,首先必须实现创新文化的复兴。

创新文化是能够激发和促进组织内创新思想、创新行为和创新活动产生的、能够适应复杂环境变化的组织文化,是社会成员的创新能力和习惯的表现,也是社会共有的关于创新的观念和制度的设置。创新精神是指要具有能够综合运用已有的知识、信息、技能和方法,提出新方法、新观点的思维能力和进行发明创造、改革、革新的意志、信心和智慧。

应该承认,创新的制度保障、精神文化氛围是导致不同国家创新能力存在明显差异的重要因素。中国全社会创新文化发展不足,存在一些不利于创新的地方,阻碍了自主创新能力的提升。比如,士农工商重本抑末的传统文化;"人怕出名猪怕壮,木秀于林风必摧之"的中庸文化;填鸭式、应试式的教育文化;等级式、官位式的权力文化;重立项轻绩效、重收入轻产出的科研文化;功利化、工具化的科技观较为严重等。只有创新的文化才能孕育出创新的事业,缺乏创新的文化基因,难以出现颠覆性创新成果。政府要解放思想,营造鼓励创新创业的文化氛围。

一是形成崇尚科学、追求卓越、尊重人才的社会氛围。加快宣传普及科学知识、科学方法、科学精神,提高全民族的科学文化素质,在全社会厚植创新意识、弘扬创新文化,形成创新的良好风尚,夯实创新发展的群众基础。在科研领域提倡求真务实、诚实公正、怀疑批判、协作开放科学精神。坚持尊重劳动、尊重知识、尊重人才、尊重创造。改变科研评价体系中只重数量不管质量,不评估科技成果本身的创新性和贡献的陈旧做法。大力宣传献身科技事业并作出重大贡献的科学家、工程师以及将科技成果成功转化的企业家。激发全社会的创新精神、企业家精神和工匠精神。

二是倡导鼓励竞争,勇攀高峰、敢冒风险,质疑争鸣、宽容失败的创新精神。克服浮躁心态和急功近利倾向,破除扼杀创新精神的官本位意识和小农意识,培育创新意识,鼓励创新精神,激发创新活力,营造全社会关注和支持创新,尊重知识、尊重人才的良好氛围,保护创新成果。使大众创业、万众创新在全社会蔚然成风。健全科研诚信制度,从严治理学术不端行为,遏制科学技术研究中的浮躁风气和学术不良风气,弘扬科研人员诚实守信、尊重创造的行为准则和职业操守。

三是善于吸收人类文明成果。强调培育创新文化绝非固步自封,而是既要大力继承和弘扬中华民族的优秀文化传统,又要吸收国外文化的有益成果。在当今世界,任何一个国家都不可能也没有必要完全依赖自有技术推动发展。我们应以全球视野谋划和推动创新,这也是创新文化的组成部分。

第二节　消除体制机制障碍

创新不仅包括技术创新,也包括体制机制创新、管理创新、模式创新等。创新驱动是一个系统工程,创新链、产业链、资金链、政策链相互耦合、相互支撑,仅仅改革一个环节或几个环节难以奏效,必须进行顶层设计,全面部署。从西方创新强国的发展历程来看,正是得益于体制机制和科技创新有机融合,这些国家才陆续崛起成为经济强国。面对全球新一轮科技革命与产业变革带来的挑战,中国必须深入推进体制机制改革,为创新驱动发展提供有效支撑。

一、体制机制:创新驱动的"重要一翼"

体制机制是创新驱动不可或缺的助推器。中国改革开放本身就是规模宏大的创新行动,未来创新发展的巨大潜能依然蕴藏在体制机制变革之中。由于体制机制改革滞后,创新成果难以得到有效保护,"学习创新"大行其道,全社会崇尚创新的氛围难以形成。体制机制变革与科技创新是创新立国的两个轮子,缺一不可。必须加快完善创新的体制机制和环境,破除制约创新的体制机制障碍,奠定创新驱动发展的制度基础。

习近平总书记高度重视创新驱动中的体制机制问题。2013年,在党的十八届二中全会第二次全体会议上,他指出:"要深入研究全面深化体制改革的顶层设计和总体规划,加强对各项改革关联性的研判,把经济、政治、文化、社会、生态等方面的体制改革有机结合起来,把理论创新、制度创新、科技创新、文化创新以及其他各方面创新有机衔接起来。"2014年他在中科院、工程院两院大会讲话中进一步强调,"要着力从科技体制改革和经济社会领域改革两个方面同步发力"。

实践中,众多科技成果向现实生产力转化不力、不顺与不畅,体制机制支撑配合不够是重要原因。市场竞争不充分、市场秩序不规范影响了创新活动的开展;地方保护主义与急功近利的招商模式影响了企业家创新的积极性。应从建设经济强国的高度重视体制机制,进行综合性配套改革,破除和消解阻碍科技创新的体制机制"瓶颈",彻底打通从科技强到产业强、经济强、国家强的通道。

二、建立公平的市场竞争机制

市场是决定创新的根本力量,创新首先需要决定创新什么? 如何创新? 公平竞争的市场环境是企业创新的基本条件。对企业而言,创新是为获取一种企业所没有掌握的技术而进行的投资,适度的市场竞争可以增强企业的创新激励。鲍莫尔认为,完全竞争的市场和完全垄断的市场都不利于创新激励,寡头垄断的市场能给企业提供相对较强的创新动力。要围绕创新驱动加快构建公平的竞争机制,发挥市场竞争激励创新的根本性作用,增强市场主体创新动力。

(一)完善知识产权保护制度

知识产权是指自然人或法人对自然人通过智力劳动所创造的智力成果,依法确认并享有的权利。当今世界,知识产权已成为世界各国推动创新、保持全球竞争力的重要手段之一。对于企业而言，谁拥有知识产权，相当于为竞争对手设置一道无形的门槛。如美国高通公司由于专利数量和质量位居世界第一，每年仅专利带来的收入就占其营业收入的1/3。

　　作为一个发展中国家，中国实施知识产权制度的历史不长。受多种因素影响，中国从20世纪80年代才开始建立知识产权制度。2008年6月，国务院印发《国家知识产权战略纲要》，将知识产权保护上升为国家战略。自《国家知识产权战略纲要》实施以来，中国各项知识产权工作取得明显进展，创造、运用、保护和管理知识产权的能力，以及全社会知识产权意识得到不同程度的提高。2016年发明专利申请受理量达到133.9万件，同比增长21.5%，PCT国际专利申请受理量超过4万件，国内有效发明专利拥有量突破100万件。受理商标注册申请369.1万件，同比增长28.35%，连续15年居世界第一。中国是继美国、日本之后世界上第三个国内发明专利拥有量超过百万件的国家。中国的专利制度正在发挥激励创新的基本保障作用。不过，中国虽然是"专利大国"，但并不是"专利强国"，未来的工作重点如下：

　　其一，深入实施知识产权战略行动计划。建立完善知识产权运用和快速协同保护体系，扩大知识产权快速授权、确权、维权覆盖面，加快推进快速保护由单一产业领域向多领域扩展。研究新兴商业模式下，创新成果新形态和知识产权保护办法，为创新主体从事创新提供充分的激励。积极推进知识产权交易，加快建立全国知识产权运营公共服务平台，提高国家知识产权运营服务能力。破除限制新技术产品、新商业模式发展的不合理准入障碍，形成公开透明的市场准入标准体系。严厉打击不正当竞争行为，加强品牌商誉保护。将知识产权保护和运用相结合，加强机制和平台建设，加快知识产权转移转化。

其二，深化知识产权领域改革。实施严格的知识产权保护制度，完善知识产权保护模式，健全知识产权维权援助体系。以建设知识产权强国为导向完善知识产权保护相关法律，加强知识产权执法队伍建设，加大对知识产权侵权假冒违法行为的惩治力度，提高侵权成本和降低维权成本，提高知识产权侵权法定赔偿上限，提升知识产权价值，激励创新积极性和保护创新者的利益，促进市场主体公平竞争。

其三，探索建立对专利权、著作权等知识产权侵权惩罚性赔偿制度。对情节严重的恶意侵权行为实施惩罚性赔偿，并由侵权人承担权利人为制止侵权行为所支付的合理开支，提高知识产权侵权成本。必须承认，中国面临的一个突出问题是创新者的权益得不到有效保护、侵权者得不到有效惩处以及侵权成本太低，维权成本高。① 2014 年，中国在北京、上海和广州成立三家专门的知识产权法院，最高法院也成立了专门的部门处理知识产权纠纷。中国正在成为非中国企业提起专利诉讼的重要地点，因为它们觉得能够得到公平待遇。据报道显示，2015年 65 家外国原告在中国的知识产权法庭赢得了对其他外国企业的诉讼，而诉中国企业侵权的外国原告也有 81%赢得了诉讼。

其四，建立健全知识产权保护预警防范机制，完善知识产权快速维权机制，加大对企业知识产权保护援助力度。完善专利资助和奖励政策，建立以知识产权转化应用为导向的奖励、考核体系，调动社会资本加大对专利等知识产权开发应用的投入，鼓励专利转化应用和国际专利申请。

---

① 以珠宝为例，国内珠宝首饰的价值，大部分取决于原石的价值，在欧美发达国家，设计占的比重更大。原因在于国内珠宝首饰设计行业对设计师的知识产权保护不到位。设计师精心设计的作品一旦上市，大量的"山寨作品"就会出现，直接影响设计师的创新积极性，破坏行业的创新氛围。

完善知识产权快速维权与维权援助机制，加大对反复侵权、恶意侵权等行为的处罚力度，探索实施惩罚性赔偿制度。建立收集假冒产品来源地信息工作机制，将故意侵犯知识产权的行为情况纳入企业和个人信用记录，进一步推进侵犯知识产权行政处罚案件信息公开。重视对小微企业知识产权的保护。完善权利人维权机制，合理划分权利人举证责任，完善行政调解等非诉讼纠纷解决途径。

（二）形成要素价格倒逼创新的机制

针对部分企业创新意愿不强的问题，加快重要资源价格和税收改革，建立充分反映资源稀缺性和环境影响的资源价格体系和税收政策。尽快形成要素价格倒逼创新的机制，倒逼企业从过度消耗资源能源、低成本竞争，转向依靠创新、差别化竞争。

进一步推进资源税改革，逐步将资源税扩展到占用各种自然生态空间。资源税负偏低是中国经济粗放增长的重要诱因。建立健全市场化的工业用地价格形成机制，健全企业职工工资正常增长机制，保障劳动力成本变化与经济提质增效相匹配。

（三）打破制约创新的行业垄断和市场分割

中国工业企业平均利润率为5%左右，而资源性、垄断性行业利润率长期在两位数以上。资源价格扭曲、市场竞争不充分等制度因素导致企业家放弃创新。

应进一步转变政府职能，打破行业垄断和市场分割，清理和废除妨碍创新创业的规定和措施，消除各种人为壁垒，纠正地方政府不当补贴或利用行政权力限制、排除竞争的行为，真正依据市场规则、市场价格配置资源，让各种市场主体依法平等使用生产要素、公平参与市场竞争、同等受到法律保护。加快出台公平竞争审查制度，建立鼓励创新的统一透明、有序规范的市场环境。

依法反垄断和反不正当竞争,消除不利于创业创新发展的垄断协议和滥用市场支配地位以及其他不正当竞争行为。建立和规范企业信用信息发布制度,制定严重违法企业名单管理办法,完善以信用管理为基础的创业创新监管模式,为中小企业创新发展拓宽空间。

三、完善金融支持创新的机制

金融是创新的血液,是支持创新的重要力量,金融制度是经济社会发展中重要的基础性制度。美国硅谷之所以成为全球创新的"圣地",其奥秘就在于创新与金融的结合。现代市场经济条件下,金融要把为实体经济服务作为出发点和落脚点,加强对创新驱动发展、新旧动能转换、促进"大众创业,万众创新"等的支持。

(一)强化资本市场对创新的支持

建立健全适合创新型企业发展的制度安排,扩大金融服务实体经济的覆盖面,加快创业板市场改革,强化全国中小企业股份转让系统融资、并购、交易等功能,规范发展服务小微企业的区域性股权市场,建立工商登记部门与区域性股权市场的股权登记对接机制。加强不同层次资本市场的有机联系。

发挥沪深交易所股权质押融资机制作用,鼓励创业企业通过债券市场筹集资金,支持符合条件的创新创业企业发行公司债券。支持政府性融资担保机构为科技型中小企业发债提供担保。鼓励地方各级人民政府建立政银担、政银保等不同类型的风险补偿机制。推动修订相关法律法规,探索开展知识产权证券化业务。开展股权众筹融资试点,积极探索和规范发展服务创新的互联网金融。

(二)拓宽创新的间接融资渠道

鼓励银行提高针对创业创新企业的金融服务专业化水平。中央可选择符合条件的银行业金融机构,探索试点为企业创新活动提供股权和债权相结合的融资服务方式,与创业投资、股权投资机构实现投贷联动。完善债权、股权等融资服务机制,为科技型中小企业提供覆盖全生命周期的投融资服务。政策性银行在有关部门及监管机构的指导下,加快业务范围内金融产品和服务方式创新,对符合条件的企业创新活动加大信贷支持力度。稳步发展民营银行,建立与之相适应的监管制度,支持面向中小企业创新需求的金融产品创新。推广专利权质押等知识产权融资模式,建立知识产权质押融资市场化风险补偿机制,简化知识产权质押融资流程。加快发展科技保险,推进专利保险试点。鼓励保险公司为科技型中小企业知识产权融资提供保险服务,对于符合条件的企业,可由地方各级人民政府提供风险补偿或保费补贴。

(三)壮大创业投资规模

应适时制定天使投资相关法规。按照税制改革的方向与要求,对包括天使投资在内的投向种子期、初创期等创新活动的投资,统筹研究相关税收支持政策。

扩大促进创业投资企业发展的税收优惠政策,适当放宽创业投资企业投资高新技术企业的条件限制,并在试点基础上将享受投资抵扣政策的创业投资企业范围扩大到有限合伙制创业投资企业法人合伙人。结合国有企业改革设立国有资本创业投资基金,完善国有创投机构激励约束机制。按照市场化原则研究设立国家新兴产业创业投资引导基金,带动社会资本支持战略性新兴产业和高技术产业早中期、初创期创新型企业发展。完善外商投资创业投资企业规定,有效利用境外资本投向创新领域,研究保险资金投资创业投资基金的相关政策,丰富完善创业担保贷款政策。支持保险资金参与创业创新,发展相互保险等新业务。完善知识产权估值、质押和流转体系,依法合规推动知识产权质押融资、专利许可费收益权证券化、专利保险等服务常态化、规模化发展,支持知识产权金融发展。[①]

四、建立健全科研成果转化机制

利益分配是激发创新的内生力量。马克思曾指出,人们所奋斗的一切,都和利益有关。科技成果只有转化为现实生产力,和人们的自身利益联系起来,才能实现其价值。长期以来,科研人员将科研成果转化为生产力的积极性不高。大部分科研人员将发表论文与评职称当成毕生的追求,虽然科技成果转化法等法律明确了科研成果的归属及利益分配,但执行情况并不乐观。因此,强化尊重知识、尊重创新,充分体现智力劳动价值的分配导向,构建有效的转化激励机制,让科技人员在创新活动中得到合理回报。

(一)提高科研人员成果转化收益比例

从全国技术交易的结构来看,80%以上的技术成果是由企业输出或吸纳的,高校与科研院所科技成果转化不通畅。导致高校与科研院所科技成果转化不通畅的主要原因,是科技成果的处置权和收益权。按照规定,高校和科研院所的科技成果转让等同国有资产处置,成果转化需要不同形式的审批,制约了科研成果的转化和产业化。

推动科研院所落实国家科技成果转化法律法规和政策,强化激励导向,提高科研院所成果转化效率。坚持试点先行,进一步扩大科研院所自主权,激发科研院所和科技人员创新创业积极性。

首先,完善职务发明制度,推动修订《专利法》《公司法》等相关内容,完善科技成果、知识产权归属和利益分享机制,提高骨干团队、主要

---

① 《中共中央　国务院关于深化体制机制改革　加快实施创新驱动发展战略的若干意见》(中发〔2015〕8号,2015年3月13日),新华社,2015年3月23日。

发明人受益比例。完善奖励报酬制度，健全职务发明的争议仲裁和法律救济制度。其次，修订相关法律和政策规定，在利用财政资金设立的高等学校和科研院所中，将职务发明成果转让收益在重要贡献人员、所属单位之间合理分配，对用于奖励科研负责人、骨干技术人员等重要贡献人员和团队的收益比例，可以从现行不低于 20% 提高到不低于50%。最后，国有企业事业单位对职务发明完成人、科技成果转化重要贡献人员和团队的奖励，计入当年单位工资总额，不作为工资总额基数。

（二）加大科研人员股权激励力度

鼓励各类企业通过股权、期权、分红等激励方式，调动科研人员创新积极性。对高等学校和科研院所等事业单位以科技成果作价入股的企业，放宽股权奖励、股权出售对企业设立年限和赢利水平的限制。建立促进国有企业创新的激励制度，对在创新中作出重要贡献的技术人员实施股权和分红权激励。

积极总结试点经验，抓紧确定科技型中小企业的条件和标准。高新技术企业和科技型中小企业科研人员通过科技成果转化取得股权奖励收入时，原则上在 5 年内分期缴纳个人所得税。结合个人所得税制改革，尽快出台激励科研人员创新的政策。

（三）加快下放科技成果使用、处置和收益权

不断总结试点经验，结合事业单位分类改革要求，尽快将财政资金支持形成的、不涉及国家安全、国家利益、重大社会公共利益的科技成果的使用权、处置权和收益权，全部下放给符合条件的项目承担单位。单位主管部门和财政部门对科技成果在境内的使用、处置不再审批或备案，科技成果转移转化所得收入全部留归单位，纳入单位预算，实行统一管理，处置收入不上缴国库。

（四）建立高等学校和科研院所技术转移机制

逐步实现高等学校和科研院所与下属公司剥离，原则上高等学校、科研院所不再新办企业，强化科技成果以许可方式对外扩散。加强高等学校和科研院所的知识产权管理，明确所属技术转移机构的功能定位，强化其知识产权申请、运营权责。建立完善高等学校、科研院所的科技成果转移转化的统计和报告制度，财政资金支持形成的科技成果，除涉及国防、国家安全、国家利益、重大社会公共利益外，在合理期限内未能转化的，可由国家依法强制许可实施。

五、构建高效的科研协作机制

科研是实施创新驱动发展战略的引领力量。强化高校、科研院所与企业之间的高效协作，增强高等学校、科研院所原始创新能力和转制科研院所的共性技术研发能力，让科研主体各归其位。现实中，高校、科研院所与企业拥有不同的评价机制和利益导向，科研成果转化率仅为10%左右，真正实现产业化的不到5%，而发达国家科技成果转化率高达40%—50%，产学研合作创新的有效机制尚未形成。

（一）加大对科研工作的绩效激励力度

完善事业单位绩效工资制度，健全鼓励创新创造的分配激励机制。完善科研项目间接费用管理制度，强化绩效激励，合理补偿项目承担单位间接成本和绩效支出。项目承担单位应结合一线科研人员实际贡献，公开公正安排绩效支出，充分体现科研人员的创新价值。

（二）改革高等学校和科研院所科研评价制度

强化对高等学校和科研院所研究活动的分类考核。对基础和前沿技术研究实行同行评价，突出中长期目标导向，评价重点从研究成果数量转向研究质量、原创价值和实际贡献。对公益性研究强化国家目标和社会责任评价,定期对公益性研究机构组织第三方评价,将评价结果作为财政支持的重要依据,引导建立公益性研究机构依托国家资源服务行业创新机制。

(三)深化转制科研院所改革

坚持技术开发类科研机构企业化转制方向,对承担较多行业共性科研任务的转制科研院所,可组建成产业技术研发集团,对行业共性技术研究和市场经营活动进行分类管理、分类考核。

推动以生产经营活动为主的转制科研院所深化市场化改革,通过引入社会资本或整体上市,积极发展混合所有制,推进产业技术联盟建设。对于部分转制科研院所中基础研究能力较强的团队,在明确定位和标准的基础上,引导其回归公益,参与国家重点实验室建设,支持其继续承担国家任务。鼓励科研院所发挥自身优势,进一步提高科技成果转化能力和创新创业能力,开放现有科研设施和资源,推动科技成果在全社会范围内实现共享和转化。

第三节　以人才驱动创新

功以才成,业由才广。创新驱动本质上是人才驱动。没有大量的创新型人才,创新驱动就是无源之水,无本之木。正如习近平总书记2018年3月7日"两会"期间在广东代表团所提出的,发展是第一要务,创新是第一动力,人才是第一资源。从经济大国迈向经济强国,中国需要建设一支规模宏大、结构合理、素质优良的创新人才队伍。

一、人才是创新驱动的基础

1959年,美国心理学家吉尔福特把富有创造性的人才人格特征归纳为八个方面:一是有高度的自觉性和独立性,不肯雷同;二是有旺盛的求知欲;三是有强烈的好奇心,对事物的运动机理有深究的动机;四是知识面广,善于观察;五是工作中讲求理性、准确性与严格性;六是有丰富的想象力、敏锐的直觉,喜欢抽象思维,对智力活动与游戏有广泛兴趣;七是富有幽默感,表现出卓越的文艺天赋;八是意志品质出众,能排除外界干扰,长时间地专注于某个感兴趣的问题。

(一)人才是重要的创新要素

诺贝尔经济学奖获得者舒尔茨20世纪70年代在其人力资本理论中提出:人力资本的积累是社会经济增长的源泉,现代经济发展必须依靠增加脑力劳动者的比例来代替原有的生产要素。具体到创新领域,没有人才则不可能有创新。正如熊彼特所言,创新就是将各种要素形成一种新的组合,引入生产体系。在创新活动中,企业家人才发挥着极为重要的组织作用,是他们把科技与资本、市场、管理等要素有机整合,变成实实在在的生产力。

中国正在从经济大国向经济强国迈进。离不开大批优秀人才的共同奋斗。建设经济强国首要的任务是把劳动力优势转化为知识、技术和品牌优势,转向依靠劳动者素质和科技进步的轨道上来。换言之,人力资本的积累更是推动创新、实现经济持续增长的重要源泉。经济发展依靠科技创新,科技创新依靠创新型人才。只有不断提高人力资本水平,才能培育出内生持久的竞争优势,驱动中国实现新旧动能转换与产业升级,从中低端迈向中高端。

（二）人才是国家竞争的决定性力量

人才资源是最重要的战略资源。国家之间竞争的深层是人才的竞争，没有一流的科技人才，就没有全球领先的科学技术；没有一流的管理人才，自然就没有与生产力发展相匹配的生产模式和商业模式。当今世界，高层次创新人才已成为一国核心竞争力的重要标志，已成为抢占科技制高点的关键要素，对提高国家的经济社会发展水平和国际竞争地位发挥着关键性作用。新加坡前内阁资政李光耀曾说，英国和法国曾为其殖民地制定过80多部宪法，这些宪法、制度、权力制约与平衡都没有什么问题，但这些社会没有出现有能力运作这些制度的优秀领导人……结果爆发了骚乱、政变或革命，他们的国家失败了，政体也崩溃了。[①] 其实就是强调优秀人才对于国家发展的重要性。中国需要一支数量宏大、素质优良、结构合理和有能力参与国际竞争的创新人才大军，这是我们面临的一项十分繁重的战略任务。

（三）各国人才争夺战愈演愈烈

当前，国际间的竞争焦点已从过去的自然资源、原材料的争夺，转向对高素质尖子人才的争夺。许多国家面临着严重的人才"赤字"挑战。日本等发达国家在出生率下降与人口老龄化双重挤压下，人才短缺的情况越来越严重。发展中国家面临着前所未有的科技人力资源流失的危险，突出的问题是发展中国家在发达国家留学人员学成后长期滞留不归的现象屡见不鲜，高层次科技人力资源向发达国家聚集的趋势不断加剧。[②] 发达国家不断加大吸收和利用全球优秀人才的力度。

人才由发展中国家流向发达国家所造成的损失，在很大程度上与

① 李光耀：《李光耀论中国与世界》，中信出版社2013年版，第38—39页。
② 中国多年来也面临高科技创新人才大量流失的挑战，近年稍有好转。截至2016年年底，中国留学回国人员总数达265.11万人，其中党的十八大以来的回国人数占70%。

发达国家的吸引人才的政策有关。美国、欧洲等发达国家 20 世纪 90 年代以来纷纷开始实行"高科技移民"政策,竞相吸纳高科技人才。近年来表现突出的"追赶型"国家也高度重视引进全球优秀人才。韩国发放"金卡",允许外国工程师和电脑编程人员在韩国居留,希望以此吸引数十万高科技人才。芬兰对掌握先进技术的高收入外国人实行特别税率制度,征税率为 35%,远远低于该国所得税最高税率 60% 的规定。

二、当前中国人才领域存在的问题

中国人才禀赋的优势主要体现在劳动力规模大,而非高素质或技能,虽然是人口大国,但并不是人才强国。

(一)人才教育理念滞后

客观来说,应试教育为中国人才培养作出了重要贡献。改革开放以来,中国人均受教育年限提高至 10 年以上,为赶超先发国家、成为经济大国提供了重要的人力资本支撑。但与建成经济强国的要求相比,中国的人才教育显然亟待改革完善。

中国目前的教育,尤其是中小学教育,基本上是填鸭式而非启发式教学,缺乏天马行空的思维,从小扼杀了儿童的创造性,现行教育体制在一定程度上阻碍创新型人才的培养。应试教育在中小学时期将青少年的创新热情消耗殆尽。进入大学阶段后,许多学生已丧失了创新的激情。建立与创新驱动相匹配的教育体制与人才培养模式势在必行。

(二)人才结构不合理

中国人才结构呈枣核模式,两头小,中间大,即创新型人才十分短缺。清华大学教授钱颖一(2015)表示,中国人才的基础知识和技能的"均值"较高,但能力的"方差"太小,杰出拔尖人才少。在低收入阶段,经济发展主要靠模仿和改进,基础知识和技能的"均值"较高,对过去三十多年中国经济增长起了推动作用,人才"方差"小无关大局。但进入中等收入阶段后,需要转换动能,以创新驱动发展时,"方差"小则影响创新,特别是颠覆性创新。

另外,大量的科技人才集中于高校和科研院所,其主要精力集中于评职称、发论文和获奖等方面,而不是专注于研究发明,即使有些人从事研发工作,也主要在基础理论研究领域,研究成果与企业和市场严重脱节。企业技术人才相对不足,科技人才与企业的脱离严重阻碍了中国企业的技术创新。据统计,企业中的科技人员占企业从业人员比重仅为5%,日本却高达30%,企业研发能力薄弱是中国创新的一大"短板"。

(三)人才激励政策不足

中国的人才管理个性化、科学化、服务化不足,"一刀切"的退休制度使一大批人才的积极性、创造性无法得到最大限度的发挥。许多机构人才工作量不满,人才严重浪费。鼓励创新的人才政策落实还不是很到位,导致企业人才请不来、留不下。目前,企业吸引和激励人才主要靠工资待遇,可是,现行税收制度安排并不利于企业吸引人才特别是高端人才。研发人员税负过重,企业"压力山大"。政府鼓励创新的税收优惠主要在企业所得税,但对企业研发人员影响最大的是个人所得税。调研发现,企业的高级研发人员月薪一般高达数万元,扣除"五险一金"和个人所得税后,实际到手的才为税前的一半多。有些企业研发人员的收入主要来自税后的奖金,但按规定纳税后就大打折扣。

其次,人才评价标准并没有考虑企业的实际需求,有的规定甚至直接把企业研发人员关在门外。人才评价标准过于单一,简单量化,对不同创新活动、不同类型人员没有做到科学合理的分类评价。需要针对不同类别人才设立不同维度的指标,如职称为主要内容的人才评价体系主要是针对高校和科研院所制定的,企业需要的不是科研论文,而是能转化成经济效益的成果。民营企业很难进入职称评定体系,这对企业的研发人员很不公平。现有的职称评价体系不改革,企业里的研发人员很难评上职称。可是在申报资质、申请项目、评定高新技术企业时,研发人员的职称情况却成为必要条件。企业研发人员的评价标准和高校、科研院所应有所差别,要更侧重于成果转化和应用。

即便是在高校和科研院所的创新人才,在人员晋升、职称评定、人员流动、考核等方面,都具有严格的管理规定,很大程度上限制了人才创新的积极性,束缚了创新人才作用的发挥。尤其是"唯论文"倾向导致研究人员将发表论文作为科学研究的唯一目标,形成片面追求在高SCI 影响指数刊物上发表论文并重视数量的浮躁心态,无法潜心从事原创性强、周期长的研究工作,严重破坏了创新的生态环境。

企业人才的发展空间和上升渠道也会影响其创新的积极性。笔者认为,人才得不到应有的尊重,限制了人才的创新行为。创新型人才,应该在工作平台、工资待遇、社会认同感等方面得到更多的尊重。但很多创新人才虽然在经济社会方面作出了巨大的贡献,但是在工资、社会认同感方面远不如一些娱乐、体育等领域的明星,必须承认,中国在尊重人才方面与发达国家存在较大的差距。

三、科学培养人才

教育传播知识、生产知识和应用知识,培育创新精神和创新人才,提高全民素质,推动民族进步和社会发展,赢得未来竞争的主动权。如何有效地培养学生的创新能力,将成为衡量教育成效的最高标准,最终决定国家的综合竞争力。工业革命初期,德国通过努力发展教育快速崛起。1825 年,普鲁士实行义务教育制度。到 60 年代,基本实现了普及教育。各邦政府还兴办了多种中等专业技术学校和职工补习学校。在普通中学中,增设了自然科学课程;在高等学校中,贯彻教育、科研与生产相结合、基础研究和应用研究相结合的方针。这些改革取得了巨大成功,国民科学文化水平普遍提高,培养出一大批优秀人才,获得一系列重大发明。到 70 年代末工业革命结束时,德国不仅在生产技术上消除了与英国的差距,而且在电气、化学等新兴工业方面超过了英国,走在了世界前列。

中国能否成为创新强国,依然取决于对人才的培养和支持。必须从娃娃抓起,从教育体制抓起,对教育、人才体系进行调整。首先,瞄准高质量发展与创新强国加大教育改革力度。根据经济社会发展的现实需求调整教育结构,"十三五"期间教育支出占 GDP 4% 的基础上继续提高至 5%。把创新精神培育和创业素质教育纳入国民教育体系,中小学应将科学和创新教育作为教育均衡发展的基本要求,培养学生的思辨能力和创新精神。实现全社会创业教育和培训制度化、体系化。加快完善创新创业课程设置,加强创业实训体系建设。加强创业创新知识普及教育,让大众创业、万众创新的理念深入人心。

其次,创新人才培养体制。从应试型向创新型转变,如果不进行人才培养模式的革命,我们将难以走出学习式创新的窘境。要强化素质教育、能力教育,尊重青少年的好奇心,增强创新意识,培养青少年的科技兴趣。改革教育、培养、引进、使用等体制,形成有利于创新人才成长的环境。改革基础教育培养模式,尊重个性发展,强化兴趣爱好和创造性思维培养。强化科学精神和创造性思维培养,开展启发式、探究式、研究式教学方法改革试点,建立基础研究人才培养长期稳定支持机制。加强科教融合、校企联合等模式,探索建立以创新创业为导向的人才培养机制,培养造就一大批熟悉市场运作、具备科技背景的创新创业人才,培养造就一大批青年科技人才,提升教育国际竞争力。

突出经济社会发展需求导向,建立高校学科专业、类型、层次和区域布局动态调整机制。统筹产业发展和人才培养开发规划,培育重点行业、重要领域、战略性新兴产业人才。注重发挥本土高校在人才培养方面的基础作用。从学科和专业的设置入手,在服务经济发展方面发挥优先作用。保证基础研究队伍的源头供给;扩大博士后数量,提高质量和水平。整合和优化国家层面各类杰出人才计划,加强创新群体和团队建设,促进青年人才脱颖而出。

最后,加强职业教育。重视技能培训,倡导"工匠精神",培养高素质、大批量的技能人才。当前,普通教育与职业教育发展不协调、不平衡,重普通教育、轻职业教育的倾向很突出。《职业教育法》虽然已实施,情况有所好转,但与迈向经济强国的迫切要求相比,差距仍然较大。建议借鉴德国二元教育体制经验,加强职业教育。通过校企合作、产教结合,引进企业生产岗位所需技能的内容、结构、标准,引入企业技能和生产管理文化,促使职业学校的教学与行业企业的要求、规范保持一致,促进企业和职业院校成为技术技能人才培养的"双主体",为社会提供适应创新链条各环节需要的多层次人才。推广现代学徒制,建立健全面向全体劳动者的职业培训制度,引导培育产业工人精益求精的行为习惯。提高应用型大学比例,加快部分普通本科高等学校向应用技术型高等学校转型,开展校企联合招生、联合培养试点,拓展校企合作育人的途径与方式。

四、营造人才创新的环境

2014年,在中央财经领导小组第七次会议上,习近平总书记指出,要想让科学家多出成果，必须给他们创造条件。在基础研究领域，也包括一些应用科技领域，要尊重科学家研究灵感瞬间性、方式随意性、路径不确定性的特点，允许科学家自由畅想、大胆假设、认真求证。科学发现是有规律的，要容忍在科学问题上的"异端学说"。不要以出成果的名义干涉科学家的研究，不要动辄用行政化的"参公管理"约束科学家。科学家管理不能参照公务员管理方法，而是要按照科研规律、创新规律和人才成长规律管理。

放手使用人才，用好科学家、科技人员、企业家和技术工人，形成人才辈出、人尽其才、才尽其用的良好环境。不断优化人才发展环境，在全社会营造尊重人才、鼓励创新、宽容失败的浓厚氛围。最大限度地支持和帮助科技人员创新创业，培养造就规模宏大、结构合理、素质优良的创新型科技人才队伍。赋予高校、科研院所科技成果使用、处置和收益管理自主权，除事关国防、国家安全、国家利益、重大社会公共利益外，行政主管部门不再审批或备案。允许科技成果通过协议定价、在技术市场挂牌交易、拍卖等方式转让转化。高校、科研院所科研人员经所在单位同意，可在科技型企业兼职并按规定获得报酬。允许高校、科研院所设立一定比例的流动岗位，吸引具有创新实践经验的企业家、科技人才兼职。

营造良好的学术环境，弘扬学术道德和科研伦理，在全社会营造鼓励创新、勇于创新、包容创新、宽容失败的良好氛围，为人才发挥作用、施展才华提供广阔的天地。坚持竞争激励与崇尚合作相结合，促进人才的有序流动。

建立统一的人才工程项目信息管理平台，推动人才工程项目与各类科研、基地计划相衔接。按照精简、合并、取消、下放要求，深入推进项目评审、人才评价、机构评估改革。

改革人才培养、评价和激励机制。完善人才职称评审制度,加大创新型人才培养力度,建立以能力和贡献为导向的评价和激励机制,改革创新人才收入分配机制,实行以增加知识价值为导向的分配政策,依法赋予创新领军人才更大人财物支配权、技术路线决定权,进一步提高科研人员成果转化收益分享比例。

五、全球吸引人才

为实现创新驱动,建设经济强国的目标,必须以全球视野广揽人才,择天下英才而用之,重点做好以下工作。

一是实行更加开放的人才政策。实施重大人才工程,大力引进一批高层次创新创业人才、高水平管理人才、高技能实用人才。回国工作的高层次留学人才的报酬应与其本人能力、业绩、贡献挂钩。不唯地域引进人才,不拘一格用好人才,招商引资与招人聚才并举。广泛吸引各类创新人才特别是最缺的人才,重点引进能够突破关键技术、发展高新技术产业、带动新兴学科的战略型人才和创新创业的领军人才,形成一批优秀创新团队,促进技术创新和学科发展。更积极主动地引进国外优秀人才特别是高层次人才,吸引外国专家和优秀人才以各种方式参与中国的自主创新。对引进人才充分信任、放手使用,支持他们深度参与国家计划项目、开展科研攻关。对国家急需紧缺的特殊人才,开辟专门渠道,实行特殊政策,实现精准引进。建立访问学者制度,广泛吸引海外高层次人才回国(来华)从事创新研究。

二是多方谋划吸引外国人才。制定外国人永久居留管理的意见,加快外国人永久居留管理立法,规范和放宽技术型人才取得外国人永久居留证的条件,探索建立技术移民制度。对持有外国人永久居留证的外籍高层次人才在创办科技型企业等创新活动方面,给予中国籍公民同等待遇。

三是加快制定外国人在中国工作的管理条例。研究制定外籍科学家领衔国家科技项目办法。对符合条件的外国人才给予工作许可便利，对符合条件的外国人才及其随行家属给予签证和居留等便利。对满足一定条件的国外高层次科技创新人才取消来华工作许可的年龄限制。

六、改进人才评价和激励机制

创新驱动与建设经济强国，需要把人才作为创新的第一资源，要更加注重强化激励机制，给予科技人员更多的利益回报和精神鼓励；更加注重发挥企业家和技术技能人才队伍创新作用，提倡敢于创新的企业家精神，建立用人单位和市场评价创新人才的机制，落实股权激励机制，充分激发全社会的创新活力。

改进科研人员薪酬和岗位管理制度。促进科研人员在事业单位和企业间合理流动。符合条件的科研院所的科研人员经所在单位批准，可带着科研项目和成果、保留基本待遇到企业开展创新工作或创办企业。允许高等学校和科研院所设立一定比例流动岗位，吸引有创新实践经验的企业家和企业科技人才兼职。试点将企业任职经历作为高等学校新聘工程类教师的必要条件。

深化收入分配制度改革，建立健全利益保障制度，激发广大社会成员的创新活力。加快社会保障制度改革，破除严重制约人力资本流动与有效配置的制度性障碍，实现党政机关、企事业单位、社会各方面人才顺畅流动。完善科研人员在企业与事业单位之间流动时社保关系转移接续政策，促进人才双向自由流动，提高人力资本投资回报率。

　　紧扣经济社会发展重大需求,打通科技成果向现实生产力转化的"肠梗阻",消除科学家、科技人员、企业家、创业者创新的障碍,解决要素驱动、投资驱动向创新驱动转变的制约,让创新真正落实到创造新的增长点上,把创新成果变成实实在在的产业活动。推进新产业、新业态、新模式发展壮大,推动产业和产品向价值链中高端跃升。

第六章　企业:提升创新力

企业是社会主义市场经济的主体,企业的创新能力是决定一国经济竞争力和综合国力的关键因素。创新型企业是中国高质量发展,建设现代化经济体系的主要载体,也是迈向经济强国的基石。中国企业必须从传统的学习模仿驱动转向创新驱动,才能胜任新时代中国从发展中大国迈向现代化强国的历史使命。

第一节　新时代的企业创新

现代社会财富的创造主要是由企业组织实现的。企业在推动经济发展的同时,还极大地推动了创新,提升现代科技水平。近百年来的世界产业发展史表明,真正对经济发展起重大推动作用的创新几乎都来自企业。世界经济强国正是借助创新型企业,引领世界创新潮流,把控全球经济技术发展的主导权。

一、企业为何需要创新

企业创新能力是指拥有自主知识产权的核心技术、知名品牌,具有良好的创新管理和创新文化,整体技术水平在同行业处于领先地位,在市场竞争中表现出来的具有优势和持续发展能力。

在计划经济体制时期,中国的企业仅仅是生产车间,并未获得充分的投资和经营自主权,缺少创新的内生动力与活力。经过市场经济多年的熏陶,企业是创新的主体正逐步成为社会共识。大家意识到,没有企业的创新,经济发展就缺少了引擎;没有企业创新,各类科研成果就缺少了产业化的载体,也就难以实现规模化应用。从世界经济强国的发展历程来看,一国的强大和企业创新存在正相关关系。无论是第一次产业革命崛起时的英国,还是后来居上的德国、日本,都借助大批创新型企业驱动其走向强大。美国企业的创新能力更是惊人,典型代表如苹果公司、谷歌、FACEBOOK 等已经富可敌国。

企业是科技和经济紧密结合的重要力量,应成为技术创新决策、研发投入、科研组织、成果转化的主体。改革开放初期,人们总是把高等院校、科研院所等作为技术研发的主力军和创新主体。但实际上,中国创新能力低的主要原因是企业并没有成为创新的主体。在中国经济发展进入新时代,从发展中大国迈向强国的进程中,那些缺少内生创新能力,忽视消化、吸收和再创新工作的企业将陆续被淘汰出局,只有具备创新能力的企业才能永葆生机活力,实现持续发展。早在 2006 年 2 月 14 日,胡锦涛同志在全国科学技术大会上指出,要使企业真正成为研究开发投入的主体、技术创新活动的主体和创新成果应用的主体,全面提高企业的自主创新能力。党的十六届五中全会关于制定"十一五"规划的建议提出,建立以企业为主体、市场为导向、产学研相结合的技术创新体系,形成自主创新的基本体制架构。习近平总书记指出,全面深化改革,要围绕使企业成为创新主体、加快推进产学研深度融合来谋划和推进。

二、企业创新是大势所趋

"中央政府+企业+地方政府"三维驱动的发展模式引领中国成功穿越温饱陷阱和低收入陷阱,进入上中等收入国家行列,中国也成为世界工厂。但令人尴尬的是,中国企业在全球产业链中被动陷入低端环节,经济发展大而不强,快而不优;核心技术受制于人,全球价值链受制于人。企业通过低成本、低技术、低价格换来的是低利润与低端市场,伴生的是高能耗、高物耗、高污染与高排放。中国企业的创新水平并没有随着生产能力的提升而同步提升。近年来,中国企业在低端领域受到东南亚诸国的合力"围追",竞争优势已不再明显;以美国为代表的发达国家掀起以重振制造业为旨向的"再工业化"浪潮,中国在中高端领域面临多国"围追堵截"。2018年美国挑起中美贸易摩擦的"动因"之一即是遏制《中国制造2025》计划的实施,阻止中国向全球价值链中高端跃升。另外,中国已告别短缺经济,过剩成为新常态。传统行业如钢铁、煤炭、水泥、平板玻璃等行业出现不同程度的产能过剩,库存积压严重,企业生存艰难;在集成电路、高端装备制造等行业存在供给不足的问题,这也是目前供给侧结构性改革所要解决的难题。实际上,需求侧的政策调整仅能缓解短期的总量失衡,深层次经济结构的战略性调整,产业结构从低端锁定迈向中高端,根本途径在于转变发展方式,迈向创新驱动。这就要求企业加快产品更新换代,培育新的增长点,创新将成为未来企业生存和发展的必要条件。

随着国内互联网所搭建的商业基础日趋完善,供需之间随时实现精准对接,中间环节消失,企业赚差价、套利的空间将日益缩小。企业要实现基业长青,必须从以规模扩张为主导的粗放式增长向以创新驱动、质量效益为主导的可持续发展模式转变。但是,中国企业创新活动并不普遍,企业对传统竞争优势的依赖程度比较高,尚未形成内生的创新优势。

总之,企业的创新型增长是一种集约型的增长方式,是对粗放型靠增加人力物力来实现经济增长的纠偏,是要素驱动与投资驱动的升级版。其实,转变经济发展方式的方向就是创新型企业的生成与壮大。企业既是技术创新投资、研究开发主体,也是创新利益分配的主体,体现市场经济和科技发展的内在规律。

三、企业家是企业创新的灵魂

企业家作为企业人格化的化身与企业的灵魂,是重要的创新要素,是推动创新的重要动力。企业家开创了从前没有的事业,通过持续的创新谋求自身的生存和发展,同时创造出卓越的企业。与企业家不同,企业经理人的职责主要是管理好企业家开创的企业,在大多数情况下,他们不愿意也不应冒太大的风险。创新是由企业家推动的,企业家群体是企业乃至社会发展的重要推动力量。

"企业家"一词最早出现在理查德·康替龙于 1775 年出版的《商业的性质概论》中,他把企业家界定为不确定性的承担者、冒险者,为理论界所认可。此后,企业家理论随着社会分工和商品经济的发展、企业组合的变化而不断发展完善。法国经济学家让·巴蒂斯特·萨伊从经济范畴上对资本家和企业做了界定;美国经济学家阿尔弗雷德·马歇尔从市场均衡的角度论述了企业家的作用;美国经济学家熊彼特指出企业家就是从事"创造性破坏"的人,是超越市场结构而存在的、推动经济发展的"英雄人物"。在熊彼特看来,创新的主动力来自企业家精神,只有能够加入乃至引领创新的企业经营者才能称得上是"企业家"。科斯从降低交易费用的视角阐述了企业家在企业制度形成中的作用,认为企业家是决定企业制度形成的重要力量。纵观当今世界,每一个伟大企业的背后,都蕴含着企业家的创新精神,如微软的比尔·盖茨、苹果公司的乔布斯、华为公司的任正非、阿里巴巴的马云等。正是在这些创新型企业家的带领下,企业逐步从平凡走向卓越。

《2015 德勤高科技成长中国 50 强报告》显示,被调查企业 50% 的创新是由 CEO 主导的,其中大多数 CEO 还兼任企业的技术专家。许多企业 CEO 将创新视为其核心职责的一部分,不仅从技术角度重视产品创新,而且还从更宽广层面来审视公司的各种创新活动,并把自己定位为企业创新的"领头羊"。

党的十九大描绘了 2020 年全面建成小康社会,2035 年基本实现现代化,2050 年建成社会主义现代化强国的宏伟蓝图。要实现上述目标,必须充分发挥企业家的作用,大力弘扬企业家精神。习近平总书记2014 年在中央财经领导小组第七次会议上指出,用好人才,还要用好企业家。企业家是推动创新的重要动力。世界上一些很著名的企业家并不是发明家,但他们是创新的组织者、推动者。企业家有十分敏锐的市场嗅觉,富于冒险,有执着顽强的精神,在把握创新方向、凝聚创新人才、筹措创新投入、创造新组织等方面起到重要作用。纵观全球企业发展历史,任何经营优良和效益卓著的企业,都离不开优秀的企业家。一个企业成败兴衰的关键在一定程度上取决于"一把手"的素质和创新能力。大力弘扬企业家创新精神,推动中国经济由"投资拉动型"向"创新驱动型"转变,将有助于提高供给侧质量和效率,促进中国经济由"出口导向型"向"内需主导型"转变。走绿色发展、低碳发展、可持续发展的道路,促进中国经济由"资源消耗型"向"环境友好型"转变,为中国中长期经济增长提供动力。

2017 年 9 月出台的《中共中央　国务院关于营造企业家健康成长

环境弘扬优秀企业家精神更好发挥企业家作用的意见》,是新中国成立以来首份面向企业家群体的文件,意在营造依法保护企业家合法权益的法治环境、促进企业家公平竞争诚信经营的市场环境、尊重和激励企业家干事创业的社会氛围,引导企业家爱国敬业、遵纪守法、创业创新、服务社会,调动广大企业家积极性、主动性、创造性,发挥企业家作用。文件提出了新时代中国的企业家精神,是一份中国完善社会主义市场经济体制的重要文献(见专栏6-1)。党的十九大报告更是明确提出"激发和保护企业家精神,鼓励更多社会主体投身创新创业",极大地调动了企业家创新创业的积极性。

专栏6-1 新时代需要弘扬的企业家精神

一、弘扬企业家爱国敬业遵纪守法艰苦奋斗的精神

引导企业家树立崇高理想信念。加强对企业家特别是年青一代民营企业家的理想信念教育和社会主义核心价值观教育,开展优良革命传统、形势政策、守法诚信教育培训,培养企业家国家使命感和民族自豪感,引导企业家正确处理国家利益、企业利益、员工利益和个人利益的关系,把个人理想融入民族复兴的伟大实践。

强化企业家自觉遵纪守法意识。企业家要自觉依法合规经营,依法治企、依法维权,强化诚信意识,主动抵制逃税漏税、走私贩私、制假贩假、污染环境、侵犯知识产权等违法行为,不做偷工减料、缺斤短两、以次充好等亏心事,在遵纪守法方面争做社会表率。党员企业家要自觉做遵守党的政治纪律、组织纪律、廉洁纪律、群众纪律、工作纪律、生活纪律的模范。

鼓励企业家保持艰苦奋斗精神风貌。激励企业家自强不息、勤俭节约,反对享乐主义,力戒奢靡之风,保持健康向上的生活情趣。

企业发展遇到困难,要坚定信心、迎接挑战、奋发图强。企业经营成功,要居安思危、不忘初心、谦虚谨慎。树立不进则退、慢进亦退的竞争意识。

二、弘扬企业家创新发展专注品质追求卓越的精神

支持企业家创新发展。激发企业家创新活力和创造潜能,依法保护企业家拓展创新空间,持续推进产品创新、技术创新、商业模式创新、管理创新、制度创新,将创新创业作为终身追求,增强创新自信。提升企业家科学素养,发挥企业家在推动科技成果转化中的重要作用。吸收更多企业家参与科技创新政策、规划、计划、标准制定和立项评估等工作,向企业开放专利信息资源和科研基地。引导金融机构为企业家创新创业提供资金支持,探索建立创业保险、担保和风险分担制度。

引导企业家弘扬工匠精神。建立健全质量激励制度,强化企业家"以质取胜"的战略意识,鼓励企业家专注专长领域,加强企业质量管理,立志于"百年老店"持久经营与传承,把产品和服务做精做细,以工匠精神保证质量、效用和信誉。深入开展质量提升行动。着力培养技术精湛技艺高超的高技术人才,推广具有核心竞争力的企业品牌,扶持具有优秀品牌的骨干企业做强做优,树立具有一流质量标准和品牌价值的样板企业。激发和保护老字号企业企业家改革创新发展意识,发挥老字号的榜样作用。

支持企业家追求卓越。弘扬敢闯敢试、敢为天下先、敢于承担风险的精神,支持企业家敏锐捕捉市场机遇,不断开拓进取、拼搏奋进,争创一流企业、一流管理、一流产品、一流服务和一流企业文化,提供人无我有、人有我优、人优我特、人特我新的具有竞争力的产品和服务,在市场竞争中勇立潮头、脱颖而出,培育发展壮大更多具有国际影响力的领军企业。

三、弘扬企业家履行责任敢于担当服务社会的精神

引导企业家主动履行社会责任。增强企业家履行社会责任的荣誉感和使命感，引导和支持企业家奉献爱心，参与光彩事业、公益慈善事业、"万企帮万村"精准扶贫行动、应急救灾等，支持国防建设，在构建和谐劳动关系、促进就业、关爱员工、依法纳税、节约资源、保护生态等方面发挥更加重要的作用。国有企业家要自觉做履行政治责任、经济责任、社会责任的模范。

鼓励企业家干事担当。激发企业家致富思源的情怀，引导企业家认识改革开放为企业和个人施展才华提供的广阔空间、良好机遇、美好前景，先富带动后富，创造更多经济效益和社会效益。引导企业家认识把握引领经济发展新常态，积极投身供给侧结构性改革，在振兴和发展实体经济等方面作更大贡献。激发国有企业家服务党服务国家服务人民的担当精神。国有企业家要更好肩负起经营管理国有资产、实现保值增值的重要责任，做强做优做大国有企业，不断提高企业核心竞争力。

引导企业家积极投身国家重大战略。完善企业家参与国家重大战略实施机制，鼓励企业家积极投身"一带一路"建设、京津冀协同发展、长江经济带发展等国家重大战略实施，参与"引进来"和"走出去"战略，参与军民融合发展，参与中西部和东北地区投资兴业，为经济发展拓展新空间。

——《中共中央　国务院关于营造企业家健康成长环境
弘扬优秀企业家精神更好发挥企业家作用的意见》
中发〔2017〕25号文

第二节 企业创新:知易行难

多年来,中国一直呼吁加大创新投入,成效有目共睹。国家研发投入占 GDP 的比例不断提升,高校和科研院所的创新能力显著加强,但企业的创新能力并没有得到同等程度的提升,成为创新体系中的"洼地"。[①] 整体来看,中国企业创新意识薄弱,创新投入不足,平均研发强度偏低,创新人才匮乏等问题比较突出,大部分企业处于技术跟踪和学习模仿制造阶段,自主创新能力不强。

一、企业创新能力先天不足

长期以来,中国高端技术人才多集中于科研院所和高等院校,科研机构和高校一直是中国技术创新的主体,科研院所以试验开发为主,高校多以应用研究为主。但是,部分高校和科研院所的研究脱离了企业和市场需求。据统计,高校研发经费中 35% 来自企业,而科研院所研发经费中仅有 3% 来自企业。

实践中,创新需要大量资金投入与前期技术积累。没有足够的资金投入,企业创新犹如无源之水,无本之木。《中国企业家》杂志通过对全国 500 家样本企业进行调查发现,大多数企业在研发投入上很有

[①] 陈圻、陈佳(2016)认为,创新和经济转型受阻的最根本原因在于,高环境污染、高资源消耗、低劳动权益和低消费者权益的"两高两低"增长方式使得企业部分成本外部化——现阶段许多生存能力很弱的企业将本应承担的环境污染、生态破坏、资源浪费产生的成本转嫁到社会的其他主体乃至后代身上,降低劳动者福利、损害消费者利益,由此大幅度地"降低"成本,以此获得生存和利润,使企业获得了超强"成本领先"优势,因此缺乏创新和转型的动力。

限,创新力不足;50%以上的受访企业认为,技术、人才的缺乏,没有足够的资金支持是创新最大的挑战。其原因是多方面的:企业研发人才不足,研发人员地位不高,得不到应有的尊重和重视。

客观地说,中国企业更多处于向先发企业学习的阶段,很多企业期望通过市场换技术,但实际效果并不尽如人意。在引进过程中,中国企业的主要精力用于硬件设备和生产线的进口,忽视技术专利和专有技术的引进,缺乏对引进技术的系统集成和综合创新。对引进技术进行消化吸收再创新是提高企业自身水平、培养自主创新能力的捷径,但中国企业存在严重的重引进、轻消化吸收再创新现象。由于没有投入相应的精力进行消化吸收,致使企业内生创新能力提升缓慢。在实现技术追赶的先发国家,企业技术引进与消化吸收的比例多在 1:3 以上,日本、韩国甚至达到 1:10,中国这一比例明显偏低,2012 年为 1:0.397,技术消化吸收能力严重不足(见专栏6-2)。

专栏6-2　日本的引进消化与创新

日本是世界上公认的家电王国,掌握着家电行业大部分核心技术,仅专利使用费一项就是一笔相当可观的收入。但是最早发明电视机、家用录像机以及液晶显示技术的并不是日本人。日本只是在引进这些基础技术,进行了大量的技术开发和创新以后,才拥有了自己的核心技术,发展了家电产业。

日本企业每引进一项技术,总要花费更多的精力和物力进行消化、吸收、再创新。日本人每引进 100 美元的技术,会用 200 美元来进行学习、消化和再创新,并用再创新出的专利技术赚回 300 美元。据统计,1959—1979 年,日本从西方其他发达国家引进的技术达 33854 项,居世界第一位。充分注意消化、吸收和创新,正是自 20 世纪 60 年代后日本经济实现高速增长的重要原因。

再如,20世纪50年代初期,本田摩托车在欧美国家消费者的心目中是劣质产品。但该公司创始人本田宗一郎从德国购买了摩托车和技术,并以此为基础进行技术研究和再创新,结果生产出世界上享有盛名的高质量摩托车。由于日本电器厂商不断研发新技术、新产品,使家电产品维持着很高的综合竞争力,在再自主创新方面具有典型意义。

——根据有关材料整理

二、企业创新内生动力不强

调研发现,中国企业创新的内生动力不足,在原创性技术和关键共性技术领域表现得更为突出。据统计,中国规模以上工业企业开展研发活动的只有14%左右,研发投入占主营业务收入的比例不到1%;企业应用研究投入仅占全社会的20%,而发达国家一般超过50%。中国企业为何创新动力不强呢?

其一,由于经济体制改革不到位,垄断型企业即使不创新依然可获得超额利润,其上下游企业热衷于"寻租"套利,不愿意进行创新。有些企业对国外引进技术进行简单的照搬照抄,只要能赢利,创新与否并不在乎。创新对企业来说,是一项着眼于长远发展的大计,许多创新在短期内都不一定能见到实际效果,而且还会冒一定的风险。对于国有企业负责人而言,因其任期有限,每年都有业绩考核,其升迁、收入与企业短期效益有关,而企业创新的长远效益一般是在三五年后才能显现出来。因此,不愿意对创新投入过多精力,承担创新失败的责任,而是偏好通过引进在短时间内解决企业面临的技术需求。对那些市场前景不明朗的研发项目投资力度小,创新绩效自然并不尽如人意。在部分国有企业家看来,与其把资金、人力等稀缺资源投入带有很大不确定性的自主研发上,不如集中投入于规模扩张。现有的国有企业考核机制,难以激发国有企业主要负责人推动创新的积极性,缺少有效的激励机制和创新机制,国企创新的热情和"激情不足"。

中国工业大而不强的根源是创新能力不强,企业技术创新投入不足,创新主体的地位体现不够。国际上企业研发投入占销售收入一般为2%—3%,发达国家一般在3%—5%。而中国大中型企业研发投入强度不足1%,广大中小微企业研发投入水平就更为落后。60%以上的企业没有自主品牌,99%的企业没有申请专利。不难发现,创新能力薄弱已成为制约中国企业发展的"瓶颈"。

其二,大多数民营企业规模相对较小,资本密集程度较低,技术相对简单,总体实力并不强,不敢在高风险的项目上长期投资于创新。对于大部分民企而言,小富即安,乐于进行模仿创新,追求短线效益,抗风险能力不足。企业放弃获利稳定的核心用户,开发新产品,培育新用户属于高风险的创新行为,难以获得有效支持,甚至会受到管理人员的抵制。再加上房地产、资源开采等行业的超额利润的诱惑,绝大多数民营企业根本不愿意在真正的创新上进行大投入。由于协同能力不足,少量创新行为形成的成果难以迅速产业化,无法与市场有效衔接。

其三,在向市场经济转型过程中,由于资本、土地、技术等市场化程度落后,因要素稀缺造成的压力促使企业开展创新活动的"倒逼机制"尚未形成,企业缺乏创新积极性。如果能一直获得优惠的土地、享受优惠的税收和廉价的劳动力,收益比创新可能产生的收益要更加安全而且丰厚,企业创新动力从何处产生呢?虽然近年来中央政府推进"放管服"改革,但仍有部分地区的营商环境不佳,"亲清"政商关系尚未形成。企业家需要把大量的时间用于和政府部门打交道,因相关职能部门效率低、办事拖拉、程序繁杂而丧失了发展新项目的机会也屡见不鲜。

其四,国家对企业创新激励与扶持相对不足。应看到,中国科技与经济在一定程度上相脱节,存在"两张皮"现象。企业在国家科技资源配置中缺少相应的话语权,科技创新规划、平台布局等多由专家领衔,致使创新虚化。

三、企业创新评价标准扭曲

创新成果的转化是一个影响企业创新的薄弱环节。研发的目的必须有用才进入市场,转化为现实经济活动。由于评价体系的失灵,约束过多,影响创新效果。因此,如何使研发成果从论文评价体系中解放出来,变为实体项目,样品变成商品,创新成果转化为产业活动是未来改革的方向。

多年来,中国人的消费理念是"物美价廉",即能以便宜的价格买到商品。其背后的逻辑是企业的研发与创新活动难以让消费者买单。对于理性的套利型企业家而言,降低企业产品成本,扩大经营规模是提高其竞争力的法宝,创新并不是明智的选择。其实,这并非中国独有的现象。美国、德国、日本等国在经济发展的起步阶段,对于创新也并非高度重视,山寨产品也曾大行其道。当经济发展到一定水平后,创新才会成为国家和企业关注的重点。如美国到 19 世纪 20 年代后,中产阶层开始崛起,创新型企业才开始大量涌现。日本进入 19 世纪 70 年代后,消费者开始关注产品质量,驱动日本制造向日本创造转型升级。

四、企业知识产权保护不力

知识产权可以有效保护创新者通过市场充分享有技术创新成果的收益。近年来,中国知识产权保护的力度不断加强,但与企业的要求相比仍存在差距,致使许多企业不敢创新。笔者在调研中了解到,由于相关法律制度不够完善,保护力度不足,企业的创新行为经常受到侵权的困扰。当前知识产权保护中存在的主要问题是,侵权假冒比较普遍,企业的核心技术与知识产权由于人员流失经常被侵占,企业研发成果未进入市场已被其他企业仿制,侵权成本过低,侵权行为追究刑事责任门槛过高,被侵权者取证困难,维权成本高。行政和司法之间存在重叠交叉,原本是为了更好地保护,实际上却变成了相互"制衡"。因此,许多企业信奉创新是"前人栽树,后人乘凉",自主创新不如"拿来主义"。

第三节　提升企业创新力的路径

企业创新能力建设是中国成为创新强国的关键。要真正成为创新型企业,必须适应市场化和全球化竞争的需要,消除创新"软肋",不断深化自身改革,增强创新驱动发展的内在动力,推动企业真正从要素驱动、投资驱动转向创新驱动。

一、强化企业创新意识

创新是一个价值创造的增值循环过程,必须强调价值创造行为主体之间的协同,企业创新能力是实现增值循环的关键和"瓶颈"。企业直接面对市场,对需求很敏感,只有让企业成为创新的主力军,创新才能成为推动社会发展的强大力量。作为一个创新型企业,应该具有较好的创新基础、较强的原始创新能力和创新决策能力,创新成果能转化为收益,具备可持续发展能力。员工要充分认识到创新对企业发展的推动作用,具备良好的创新精神和创新文化,能够形成以企业为主导的产业创新生态系统,形成创新的"集群效应"。

与西方发达国家相比,中国在改革开放初期存在很大的"位差",西方二三流技术对中国而言就是先进技术,采摘"低垂的果实"促进了中国经济的增长。但是,中国现在已经过了采摘技术"低垂果实"的阶段。在经济发展新常态下,无论是国企还是民企,都应意识到,创新是企业提高生产率的重要源泉,不创新则难生存,创新驱动是提升企业竞争力的唯一途径。要打破企业对传统经营模式的依赖,改变其"不创新等死,创新找死"的"被动式"创新观念;树立创新的发展理念,推动核心技术创新,向价值链高端转移。

二、突出企业创新的主体地位

企业创新离不开充分的市场竞争,需要使市场在资源配置中发挥决定性作用。通过市场机制引导,让企业成为真正的创新主体,充分发挥其在技术研发、科研组织、成果转化等方面的潜力,变"要我创新"为"我要创新"。支持资金、人才、技术等创新要素按市场导向向企业聚集,增强企业技术创新的动力和活力,引导创新资源向企业集聚,培育一批在全球范围内领跑、受世界尊敬的创新型企业。

以增强企业的创新能力为目标,通过平台搭建、服务保障等政策措施,把解决科技问题与经济问题结合起来,调动企业开展创新的积极性和主动性,使创新驱动发展成为企业的自觉行为。逐步提升企业管理者的科技素养、创新意识,开拓创新视野。具备条件的企业设立创新主管,对全球创新、科技发展态势与市场动态,企业的战略方向进行综合把控。当然,以企业为创新主体,并不意味着创新链条上的所有环节都在企业内部完成,对于那些缺少集基础研究和研究开发于一体的企业,在基础研究、应用基础研究和共性技术研究开发等方面还要充分借助科研院所和大学的力量。

必须看到,当前企业在国家创新体系当中的话语权偏轻,所以发挥企业的创新主体作用务必要增强企业在创新战略中的话语权。支持企业承担重大项目研发任务,完善技术转移机制,促进企业的技术集成与应用,使企业真正成为自主创新的决策和投资主体、产品研发和科技成果转化主体、承担风险和获得利益的主体。建立高层次、常态化的企业技术创新咨询制度,发挥企业和企业家在创新决策中的重要作用。吸收更多企业参与研究制定技术创新规划、计划、政策和标准,提高企业家在相关专家咨询组中的比例。

下一步,应引导企业围绕市场需求和长远发展,建立研发机构,健全组织技术研发、产品创新、科技成果转化的机制,大幅度提高大中型工业企业建立研发机构的比例。进一步支持企业直接参与国家科技计划和重大工程项目,健全由企业牵头实施应用性国家重大科技项目的机制,引导各种创新要素向企业集聚。深化创新体制改革,健全以企业为主体、以市场为导向、产学研相结合的技术创新体系,加强产业技术创新战略联盟建设,鼓励创新资源向创新主体流动。原则上,凡是市场导向明确的产业技术创新项目都应以企业为主来牵头搞。可以在明确定位和标准的基础上,引导企业建设国家重点实验室,围绕产业战略需求开展基础研究。设立专项科研启动资金,鼓励企业加大研发投入,提高研发支出占销售收入的比重,引导企业在技术创新方面充分发挥主导作用(见专栏6-3)。

专栏6-3　一家服装生产企业的蝶变

在服装行业里,库存是企业的命脉,如果产品一旦过季而没有清理掉库存,那么企业可能就会面临倒闭的危险。但是在青岛服装企业酷特集团,却从来不用担心库存的问题,因为他们的生产模式是用户个性化定制(C2B),即消费者下单后工厂才会开始启动生产流程,在董事长张代理看来:"公司的模式就是完全的数据驱动。"

酷特是一家服装生产企业,过去十多年积累了超过 200 万名顾客的个性化需求信息,包括服装的版型、款式、工艺和设计数据,在此基础上开发出了基于互联网的服装个性化定制平台,建成了西装上衣、衬衫、西裤三个定制化生产工厂。企业依靠数据库精确匹配用户订单的个性化需求,通过自动排单、自动计算、整合版型,只需要一组客户量体的数据就可完成定制设计。在这种模式下,原本手工制作、动辄上万元的定制西服,价格下降了一两千元,制作周期也从半年左右变成了 7 个工作日,既满足了个性化的需求,又实现了大批量流水线作业。

在服装行业普遍进入寒冬的全球大背景下,酷特在 2012 年至 2016 年,企业产值连续五年增长 100%以上,利润率达到 25%以上。

三、企业加大创新投入

"研究开发经费占企业销售额的比重"是世界各国用于衡量企业创新投入强弱的指标。一般而言,这一比重如果低于 1%,表明企业不具竞争力,生存压力过大;如果达到 2%—3%,企业只能走模仿创新的道路;当达到 4%—5%或以上,表明企业有较强的创新能力,竞争力较强。当然,因行业不同,该标准也会有所差异,一般传统行业相对低些,高新技术产业等较高。在西方发达国家,传统产业研发投入占其销售额的比重一般维持在 4%—8%。汽车工业中,德国大众达到 5.2%。高新技术产业在 6%—15%,美国思科为 14%、微软为 14.6%、高通则高达 20%。相比较之下,中国企业的创新投入强度则低得多,与发达国家企业研发投入的水平有很大差距。一般传统行业占 1%—2%,高新技术行业在 1%—3%,除华为等少数企业外,多数企业只能走模仿创新的道路,无力进行自主创新,无法跨越"追赶陷阱"。也正是看到这种巨大差距,《中国制造 2025》提出规模以上工业企业研发投入强度到 2020 年达到 1.26%,2025 年达到 1.68%,不断向国际水平靠近。

四、拓展创新视野

国内外企业实践证明,企业自主开发能力的进步是自主开发实践的结果,绝不是简单"引进技术"的结果,"引进技术"只有在服务于企业自主开发的条件下,才能促进自主开发能力的发展。因此,如果放弃自主的产品开发平台,以为引进技术可以提升企业技术创新能力,将会永远失去技术能力。

技术创新方面,企业开发先进适用的技术、工艺和设备,研制适销对路的新产品,提高产品质量和竞争力。模式创新方面,企业要善于利用互联网技术进行商业模式创新,降低成本。政府支持鼓励企业进行创新的政策要落实到位,加强对中小企业的创新支持力度,完善创新收益的分享机制。管理创新方面,借鉴美国、以色列等国企业的先进管理经验,创新激励模式,提高创新积极性。注重加强研发能力和品牌建设,建立健全技术储备制度,提高持续创新能力和核心竞争力。

改革国有企业技术创新的经营业绩考核制度,落实和完善国有企业研发投入视同利润的考核措施,加强对不同行业研发投入和产出的分类考核。中央国有资本经营预算产业升级与发展专项资金要加大对中央企业技术创新的支持力度。激励国有企业加大对技术创新的投入,建设一批国家技术创新中心,增强企业研发能力。

五、培育企业创新人才队伍

企业之间的竞争从表面上看是技术、品牌、质量的竞争，归根到底是创新人才的竞争。提升企业创新能力必须重视培育创新人才队伍。

一是企业家队伍。如前文所述，企业家是推动创新的重要动力，是企业创新活动的灵魂，要推动企业家积极投身创新事业，进入创新链和价值链高端，企业才能占领产业制高点。大力倡导企业家精神，依法保护企业家的创新收益和财产权，稳定企业家预期。注重发挥企业家在技术创新体系中的作用，调动企业家组织、推动科技创新和全面创新的积极性、主动性与创造性，鼓励企业加大创新资源投入，引进和学习先进技术，优化管理经营模式，研发出高附加值的创新产品，实现以创新驱动企业发展。完善激励约束机制，壮大企业家阶层，通过市场优胜劣汰培养造就一大批勇于创新、敢于冒险的创新型企业家。

二是科技类创新人才。当今的企业竞争是全球化的竞争，企业应以全球化思维谋划发展。积极引进海外高层次科技人才，加强专业技术人才和高技能人才队伍建设，培养科技领军人才、优秀创新团队。加强对企业科研和管理骨干的培训。对服务企业贡献突出的科技人员，采取优先晋升职务职称等奖励措施。

三是高技术蓝领人才。建设经济强国需要大国工匠，任何一个经济强国的崛起，都离不开大批追求卓越、严谨执着的高技术蓝领人才——大国工匠。必须看到，大国工匠从大批蓝领工人中产生，但中国的工匠数量供给远远不足。以数控机床为例，全国能够安装、调试、测试和维修数控机床的蓝领工程师人才严重短缺。据不完全统计，全国现有30万台各种类型的数控机床因缺少优秀技师，设备效能远远没有发挥出来。企业应重视提高企业职工科技素质，经常开展技术革新、技能大赛等群众性技术创新活动,充分调动职工参与技术创新的积极性。德国"工业 4.0"之所以能够使其再次引领全球新一轮产业变革潮流,一个重要方面就是得益于其拥有大批创新型工匠。德国戴姆勒—奔驰公司为了激发雇员创新的积极性,公司规定:雇员在发明申请专利后,即发给发明人一定数额的奖金,授权后再继续追加奖励。公司自己实施该项专利,将销售额的 0.2%给发明人作为报酬。

我们应加快推广现代学徒制试点,建立健全面向全体劳动者的职业培训制度,引导培育产业工人精益求精的行为习惯。同时,强化对工匠的奖励机制,提高技术人才待遇,让高技术人才能够专心致力于创新。

六、建立健全面向企业的技术创新服务平台

面向行业技术创新需求,促进科技资源整合和优势互补,推动形成一批专业领域技术创新服务平台,培育一批专业化、社会化、网络化的示范性科技中介服务机构。以中央财政资金为引导,带动地方财政和社会投入,支持围绕地方特色优势产业和战略性新兴产业创新发展的区域公共科技服务平台建设。推动平台面向中小企业提供研发设计、检验检测、技术转移、大型共用软件、知识产权、标准、质量品牌、人才培训等服务,提高专业化服务能力和网络化协同水平。探索通过购买公共服务等方式,引导建立促进技术创新服务平台有效运行的良好机制。加快建设技术交易市场体系、科技创业孵化网络和科技企业加速成长机制。

七、精准提升中小企业创新能力

中小企业不仅在成果数量上占有相当高的份额,而且创新的水平

与层次并不亚于大企业。目前，中国专利的66%是中小企业发明的，74%以上的技术创新由中小企业完成。可以说，中小企业已经成为中国技术创新、体制创新的主体。中小企业技术创新具有满足自身发展需求、资本量较小、与外界合作密切等特点，但是抗风险能力较低，因此需要得到外部的有力支持。此外，中小企业技术创新还具有与社会紧密结合，能更快地满足市场需求的特点。中小企业一般是创业的开端，往往孕育着重大突破的创新路线，对于社会创新起着重要的推动作用。

从总体上看，中国中小企业技术创新面临着规模不大、实力不强、创新能力薄弱等问题。当前缺乏支持中小企业科技创新的公共服务平台，缺乏对中小企业科技创新的精准化政策支持；中小企业融资难、融资贵问题仍然存在；中小企业进入特定领域市场仍面临一些市场准入、行业审批、前置审查、备案审核等"门槛"。

要充分重视中小企业的技术创新活动，并注重通过鼓励中小企业技术创新来引导和促进全社会的创新创业活动。国家层面加大对中小企业科技创新的支持力度，要进一步深化"放管服"改革，加强精准施策和示范带动，优化支持中小企业的公共科技服务和创新创业环境。首先要落实完善政策，加强精准支持。其次要促进科技与金融结合，打造畅通的融资渠道。建立和完善中小企业技术创新服务平台，加快推动高校和科研院所向中小企业开放共享创新资源。

第四节　完善企业创新的配套措施

企业创新不仅关系到企业的生存发展，更关系到国家整体经济实力的提升。创新活动本身具有高投入、高风险的特点，需要政府转变职能,给予特殊的激励机制和政策支持。通过政府职能转变,深化科技和创新体制机制改革,建立公平的竞争环境,为企业创新提供有效的公共服务支撑,使创新成为企业利润最大增长点。从发达国家的经验看,为促进企业创新,各国政府都采取了一系列手段引导企业加大创新投入,提高企业创新的积极性。实施创新驱动发展战略,使企业真正成为技术创新决策、研发投入、科研组织和成果转化的主体,真正发挥企业创新主体作用。

一、完善企业为主体的技术创新机制

有观点认为,中国企业"有制造没有创造,有产权没知识"。要改变这种窘况,政府应旗帜鲜明地支持企业成为技术创新主体。鼓励企业创办科研机构,关键技术和产品立足自主开发。支持构建以企业为主导、产学研合作的产业技术创新战略联盟。由企业牵头、政府引导、联合高等学校和科研院所协助实施市场导向明确的科技项目。应更多运用财政后补助、间接投入等方式,支持企业自主决策、先行投入,开展重大产业关键共性技术、装备和标准的研发攻关。开展龙头企业创新转型试点,探索政府支持企业技术创新、管理创新、商业模式创新的新机制。调整现有行业和地方的科研机构,充实企业研发力量,支持依托企业建设国家技术创新中心,培育有国际影响力的行业领军企业。

强化企业创新倒逼机制,加强对中小企业技术创新支持力度,推动流通环节改革和反垄断反不正当竞争,引导企业加快发展研发力量。完善中小企业创新服务体系,加快推进创业孵化、知识产权服务、第三方检验检测认证等机构的专业化、市场化改革,壮大技术交易市场。

优化国家实验室、重点实验室、工程实验室、工程(技术)研究中心布局,按功能定位分类整合,构建开放共享互动的创新网络,建立向企业特别是中小企业有效开放的机制。探索在战略性领域采取企业主导、院校协作、多元投资、军民融合、成果分享的新模式,整合形成若干产业创新中心。加大国家重大科研基础设施、大型科研仪器和专利基础信息资源等向社会开放力度。加快完善科技成果使用、处置、收益管理制度,发挥市场在资源配置中的决定性作用,让机构、人才、装置、资金、项目都充分活跃起来,形成推动科技创新的强大合力。

建立自主创新产品认证制度,建立认定标准和评价体系。确定政府采购自主创新产品目录。采购人(国家机关、事业单位和团体组织)用财政性资金进行采购,必须优先购买列入目录的产品。优先安排采购自主创新产品的预算。国家重大建设项目以及其他使用财政性资金采购重大装备和产品的项目,有关部门应将承诺采购自主创新产品作为申报立项的条件。在国家和地方政府投资的重点工程中,国产设备采购比例一般不得低于总价值的60%。

二、提升企业家在国家创新发展中的地位

企业家是与科学家同等重要的战略性资源。中国走高质量发展之路,迈向经济强国需要更好地激发出企业家的聪明才智。必须建立高层次、常态化的企业技术创新对话、咨询制度,注重发挥企业和企业家在国家创新决策中的重要作用。吸收更多企业参与研究制定国家技术创新规划、计划、政策和标准,相关专家咨询组中产业专家和企业家应占较大比例。2018年政府工作报告提出,构建亲清新型政商关系,健全企业家参与涉企政策制定机制,这是一个积极的信号。应真正将企业视为创新主体,不"唯出身"、不设门槛、不限地域,根据产业需求客观、公正地分配科技资源。在编制产业发展指南、制定战略时应更多听取企业意见。国家科技规划要聚焦战略需求,重点部署市场不能有效

配置资源的关键领域研究,竞争类产业技术创新的研发方向、技术路线和要素配置模式由企业依据市场需求自主决策。

三、完善激励企业创新的公共经济政策

在相当长的时期内,政府对企业创新支持政策多为"政府主导选拔式"。这种模式的效果差强人意。形成"大众创业,万众创新"的局面,政府要完善创新支持模式,从"差异化"的公共经济政策转向"普惠性"的公共经济政策。这是中国经济从"跟跑"向"并行"和"引领"发展的必然选择,从要素驱动、投资驱动向创新驱动转型的必然选择,也是从政府主导向市场导向转型的内在要求。

笔者在调研中发现,许多企业并不能真正享受到政府减税政策带来的好处。如研发费用加计扣除政策最受高新技术企业青睐,因为可以用来抵扣企业所得税。但在具体执行中,这项政策往往被"打折扣"。有的企业反映,高新技术企业规定的研发费用和税务部门统计的研发费用仍然存在不一致的地方。有的基层税务部门贪图省事,干脆把企业报过去的研发费用打对折计算。

基于此,一方面,完善和落实企业研发费用税前加计扣除政策,加大企业研发设备加速折旧政策的落实力度。统筹研究企业所得税加计扣除政策,完善企业研发费用计核方法,调整目录管理方式,扩大研发费用加计扣除优惠政策适用范围。完善高新技术企业认定办法,重点鼓励中小企业加大研发力度。2017 年 5 月 3 日,为进一步激励中小企业加大研发投入,财政部、税务总局、科技部三个部门联合发布《关于提高科技型中小企业研究开发费用税前加计扣除比例的通知》,明确科技型中小企业研发费用税前扣除高于一般企业的加计扣除比例和适用时限,形成了针对科技型中小企业研发费用加计扣除的政策依据,体

现了国家对科研创新的大力支持,将对"万众创新"和企业加大研发投入的积极性起到良好的促进作用。另一方面,实施普惠性税收政策。完善高新技术企业认定办法,落实税收优惠政策,降低企业享受税收优惠政策的门槛和成本。坚持结构性减税方向,逐步将国家对企业技术创新的投入方式转变为以普惠性财税政策为主。2017 年 5 月 3 日,财政部和税务总局发布《关于创业投资企业和天使投资个人有关税收试点政策的通知》,在京津冀、上海等 8 个全面创新改革试验地区和苏州工业园区开展试点,从 2017 年 1 月 1 日起,对创投企业投资种子期、初创期科技型企业,可享受按投资额 70% 抵扣应纳税所得额的优惠政策;自 2017 年 7 月 1 日起,将享受这一优惠政策的投资主体由公司制和合伙制创投企业的法人合伙人扩大到个人投资者。政策生效前两年内发生的投资也可享受前述优惠。① 创业投资和天使投资是初创企业成长的重要支持机制。相关税收优惠有利于减轻科技型中小企业所得税负担,激发创业投资企业和天使投资个人的热情,培育经济新动能。

加强与各金融机构合作,促进科技和金融结合,在风险可控原则下和国家允许的业务范围内,加大政策性银行对企业转化科技成果和进出口关键技术设备的支持力度。开展对中小企业的金融产品创新,完善金融服务,对符合条件的企业可开展知识产权和非专利技术等无形资产的质押贷款试点,加大对中小企业技术创新的金融支持。积极推进多层次的信用担保体系建设,鼓励开展针对中小企业创新的多层次信用担保。

四、优化激励企业创新的政府采购政策

政府采购是世界许多国家促进自主创新的有力手段。各国普遍使

---

① 财政部网站。

用采购政策从需求侧支持本国企业创新。国外政府采购国内产品占全部采购产品的比重:加拿大为20%、日本为16%、美国为9%。此外,发达国家还普遍利用政府采购(GPA)的例外规则,对本国创新进行保护。但中国政府部门在招投标中对国产自主创新产品和中小型企业存在诸多"隐形歧视",许多中小企业的产品成功打入欧美市场,但却无法进入政府采购名单。

建立健全符合国际规则的支持采购创新产品和服务的政策体系,落实和完善政府采购促进中小企业创新发展的相关措施,加大创新产品和服务的采购力度。鼓励采用首购、订购等非招标采购方式,以及政府购买服务等方式予以支持,促进创新产品的研发和规模化应用。不分"国籍"、不讲体量,只以技术论高下。谁的技术更好、谁的成本更优,就选谁的产品。总的原则是,针对不同阶段的技术采取不同的采购模式。对于本国技术可直接采购,鼓励原创技术与集成创新;对于本国没有掌握但急需的国外先进技术,可采取先采购,然后进行消化吸收再创新,最终一定要实现自主创新。

五、完善促进企业创新的法律法规体系

产权制度是社会主义市场经济的基石,保护产权是坚持社会主义基本经济制度的必然要求。有恒产者有恒心,经济主体财产权的有效保障和实现是企业创新的基础。目前,中国产权保护仍然存在一些薄弱环节和问题,如利用公权力侵害私有产权、违法查封扣押冻结民营企业财产等现象时有发生等。尤其是企业研发成果转化的"最后一公里"中,产权保护更是乏力。

应抓紧建立健全自主创新知识产权的保护法规。政府在保护创新企业的同时,加大对侵犯知识产权行为的处罚力度,提高侵权成本,加

大对恶意侵权企业或个人的惩罚力度,保护企业自主创新的成果,形成良好预期,增强各类经济主体创业创新动力。

六、完善服务企业人才创新的配套措施

调研发现,无论是发达地区,还是欠发达地区都存在程度不一的人才问题。很多民营企业提出,企业员工职称评定办法过于死板,尤其是参与职称评定的员工必须有档案的要求,已经脱离当前实际,因为很多海归博士和人才根本就没有档案,没有档案就无法参与职称评定,这不仅影响这些人才的积极性,也影响了企业参与一系列国家科技项目竞标的成功率。关于相关人才荣誉称号问题,很多民营企业反映类似于"千人计划""国家百千万人才工程""国务院政府特殊津贴"等国家级荣誉称号以及省级的荣誉称号,忽视民营企业的巨大需求,制约了其发展积极性。

省级政府或市级政府应制定引进人才的政策,提供更好的社会服务,在创新能力强的企业引人引智时给予税收优惠或返还,减轻企业压力;在落户、医疗、住房、子女入学、各类荣誉等方面予以个性化帮扶。建立多元化的职称评价体系,不以论文为唯一导向,让企业研发人员也能获得社会认可,创造更多的上升通道。特别是要制定专门针对本地居民返乡创业的支持政策,吸引本地人才回流。抓紧建立并完善企业创新突出贡献人才的荣誉和奖励制度,加速创新要素向企业集聚,加快提升企业国际竞争力。

第七章　地方政府：构筑区域创新优势

区域创新是建设创新型国家的基础和依托，一国整体创新实力的升级必须依靠区域层面的创新予以支撑。迈向经济强国，地方政府必须从单纯追求经济增长转向追求创新驱动高质量发展，打造区域创新体系，厚植区域发展优势，稳步提升区域创新能力与竞争力。

第一节　增长竞争视角下的区域

前文已述，地方政府是中国经济增长的重要主体。长期以来，地方政府之间的激烈竞争在推动地方经济发展的同时也产生诸多弊端。

一、地方增长式竞争已到尽头

地方政府通过发挥在人口、成本方面的比较优势，主动嵌入全球价值链，创造出举世瞩目的经济奇迹。但当经济发展进入上中等阶段后，劳动力、土地、原材料等价格大幅度上升，原来支撑地方政府进行增长竞争的"供给侧"红利因素正在快速消失。

地方政府为追求 GDP，对新兴产业一哄而上，缺少定力与耐心，重复建设低水平的产业园区,导致"高端产业低端化",产能过剩在各行业轮番出现。比如,随着机器人产业的兴起,"机器人园区"建设大战热火朝天。各地并没有吸取光伏产业过剩的惨痛教训,依然没有跳出传统的发展模式,因而有可能导致新一轮的产能过剩。

地方政府以邻为壑的过度竞争,形成区域市场的进入壁垒,提高市场整合成本,严重阻碍创新活动的扩散。地方政府为追求晋升所需的政绩,对招商引资的企业给予各种隐性补贴,人为扭曲企业生产要素投入成本。一方面,地方政府竞争型增长模式加剧产能过剩,钢铁、水泥、电解铝等行业产能过剩严重。由于无序竞争,即便是近年来政府鼓励发展的新兴产业如光伏、太阳能等也出现了一定程度的过剩。"去产能"成为中国当前供给侧结构性改革需要完成的重点任务之一。另一方面,地方政府在高强度竞争下,为追求经济增长付出了高昂的生态资源代价。近年来各地"血铅"污染等环境问题时有发生(见专栏 7-1)。

专栏 7-1 无法承受"血铅"之重

近年来,从西部陕西凤翔到东部广东清远;从中部河南济源到边陲云南昆明,众多类似"血铅"故事多次进入公众视野,不断刺激公众的神经。

——甘肃徽县"血铅超标"事件。2006 年 8 月,甘肃省徽县近千人到西安进行血铅检测,其中 373 人为儿童。这些儿童中,90%以上血铅超标,被诊断为重度铅中毒,而成人中血铅超标也很普遍。截至 2006 年 11 月 21 日,甘肃省卫生部门共筛查血样并送权威机构检测 2652 份(人)。经国家疾病预防控制中心和甘肃省临床检验中心排查,共检出铅中毒 260 人。在中毒者中,有儿童 255 人,其中轻度中毒 67 人、中度中毒 174 人、重度中毒 14 人。按照《国家突发环境事件应急预案》的规定,已构成特别重大环境事件。

——湖南武冈市儿童血铅超标污染事件。截至 2009 年 8 月 18 日,当地政府组织检测的 1958 名儿童中,有 1354 人血铅疑似超标,远远超过陕西凤翔铅污染事件中儿童中毒人数。

——湖南嘉禾县"血铅"事件。因急于发展经济,政府部门引进了一批从周边省市淘汰的严重污染企业,不作环评就开始上马生产。据统计,2009 年该县未经环评的企业达 309 家。虽然县里多次明令要求关停,但屡禁不止。随后,数个村庄的 300 多名儿童被查出血铅超标甚至中毒,禾苗、树木等枯死。

——河南济源"血铅"事件。由于大力发展冶炼企业,济源出现一批"亿元村""明星村",却成为"血铅超标"的"重灾区"。某村 14 岁以下少年儿童一共有 452 人,只有 1 人血铅正常,而血液中铅含量超过 450 微克/升以上的达 73 人。面对大量儿童"血铅超标"的报告,济源市采取排铅医疗措施,所有费用由市政府统一协调解决,确保铅超标儿童得到及时治疗。

——2009 年 8 月,陕西省凤翔县 3 个村 1016 名受检儿童中,851 名血铅超标。其中,174 名儿童属中、重度铅中毒,最终酿成群体性事件,多名政府官员受到处分。

——广东清远"血铅"事件。2009 年 12 月 25 日,广东省清远市经济开发区龙塘镇银源工业区广进员工公寓及附近 50 多户有小孩的居民中,有 44 名孩子存在不同程度的血铅超标。

——云南鹤庆"血铅"事件。2010 年,鹤庆县地方政府发布在网站上的通知称:"截至 7 月 25 日下午,已筛查出疑似血铅超标儿童 84 人。"该地于 7 月 2 日至 16 日开展健康状况调查,查出 39 名 14 岁以下儿童铅中毒,此后又在进一步筛查中另查出 45 人。

——2011 年 3 月，浙江台州市椒江区峰江街道上陶村过半村民出现了血铅含量超标的情况。经确认，村中一家蓄电池制造企业违规排放含铅废水、废气，是造成这起事件的主因。

——浙江德清"血铅"中毒事件。2011 年 5 月，浙江省湖州市德清县发生 332 人血铅超标的污染事件。原因是浙江海久电池股份有限公司违法违规生产、职工卫生防护措施不当；当地县、镇政府未实现防护距离内居民搬迁承诺。

贯彻新发展理念，走高质量发展之路，知易行难，我们何时才能走出"以污染换发展"的怪圈？

——根据有关资料整理

显然，不转变经济发展方式，地方发展不可持续。经济发展模式的滞后与人民群众日益增长的对生态环境的需求差距越来越大，因生态环境问题引发的群体事件近年来呈高发态势。民众生态文明意识正在觉醒，为保护生态环境所付出的成本将越来越高。必须强调的是，地方政府已不可能再延续要素驱动、投资驱动来维持竞争，必须转向创新驱动，优化产业结构，减少资源消耗和污染排放，同时提高全要素生产率，创造出新的增长动力和红利。

理论上，保护土地的最有效办法，是让市场决定土地的价格，让土地价格真正反映土地资源的稀缺程度。但长期以来，由于没有形成土地市场交易的制度基础，土地利用由政府控制，土地交易价格由政府调控。大多数土地的使用价格无法反映土地的稀缺程度，为政府粗放利用土地追求 GDP 增长提供了巨大的便利。同时应看到，地方政府创新意愿不强。有些地方政府创新内在动力严重不足，口号多行动少，不愿意在创新方面下功夫；有些地方政府对传统增长模式已形成深度的路径依赖,有心无力,短时间内无法转向内生性增长。

二、区域转型:塑造新优势

区域创新是区域经济发展和竞争力形成的重要保障。21世纪以来,区域创新正在重塑区域竞争格局,深刻改变着区域经济版图。世界各国都高度重视提升区域创新能力,如欧盟为降低内部发展不平衡,促进欧盟经济发展和地区繁荣,提升其全球竞争力,专门实施欧盟区域创新战略,旨在帮助落后地区提升创新能力。

(一)创新驱动区域培育发展新动能

改革开放初期,由于起点低,要素成本便宜,市场空间、环境容量相对较大,一个地区不需要创新也能实现经济快速增长。但当经济步入新常态后,经济发展的环境急剧变化,低端产业产能过剩,高端产业供给不足,结构性矛盾凸显,再加上劳动力、资源和生态环境成本不断升高,传统增长空间快速缩小,各地多年形成的要素与投资驱动的发展模式已不可持续,传统动能由强变弱,新动能尚未形成,陷入转型困局。

在迈向创新驱动的过程中,新知识、新技术会突破传统经济的资源配置模式,整个区域内人才、信息、制度、文化等创新驱动要素的结合更加紧密,企业积极进行生产方式、管理模式与营销模式的创新,重新改造和组合产业内各个环节,形成更具效率、更集约、更可持续的生产力,加快技术变革、技术应用和技术扩散进程,成为区域突破发展"瓶颈"的重要抓手。诸多微观主体所形成的创新活力,将带动大量创新型企业的成长壮大,促进区域创新资源的有效整合,创造新需求形成新业态,成为区域经济发展方式转变的新动力。概言之,唯有创新,区域才能走出亦步亦趋的发展路径依赖,克服资源环境的刚性约束,为经济增长培育内生动力,释放增长新动能,形成新的增长动力源,进而推动区域经济社会持续协调发展,提高区域经济发展的整体竞争力。

(二)创新驱动区域形成发展新优势

理论上,当一个地区形成了相对于其他地区的竞争优势后,可维持一段时间并形成路径依赖。但这种竞争优势是相对的,并不会一成不变,随着时间、空间的改变,后来者的学习模仿使得原有的优势可能不复存在。其实,在经济全球化时代,劳动力、资源、土地等已不再是竞争成败的核心因素,拥有超强的创新能力才是获取持久竞争优势的关键。通过创新驱动突破传统生产要素对经济社会发展的制约,引领区域经济发展转型,构筑起具有技术优势与产业优势的区域核心竞争力,才能形成区域发展新优势。

东部沿海地区早期以劳动密集型产业见长,但随着劳动力成本的提升与生态资源环境约束的加剧,其优势正逐渐消失。对于这些地区而言,必须及时转向创新驱动的轨道上来,尽早掌握创新主动权,确立新优势。实践表明,创新是区域经济发展的生命线,对构筑竞争新优势具有决定性作用。因此,地方政府应转变发展理念,创造条件激活区域创新潜力,提升创新能力,创造出更多体现先发优势的引领性发展。通过推动传统产业转型升级,培育和壮大战略性新兴产业,塑造区域竞争优势;通过优化和整合各类资源,激发市场主体活力,优化创新动力机制,为创建区域竞争优势提供有效保障。尤其是在全球区域创新竞争日趋激烈的情况下,通过构建区域创新体系,提升在区域国际分工中的地位,从"后发追赶"弯道超车,转向"创新引领"。

(三)创新驱动有助于提高产业核心竞争力

一个地区的经济发展水平在相当大程度上表现为产业竞争力的高低。越来越多的研究显示,区域创新能力正成为区域获得产业优势的决定性因素,在转型成功的经济区域中,存在诸多分工精细、协同创新的产业集群,这些产业集群的优势则取决于每个企业竞争力的高低。因此,区域经济竞争优势提升的核心在于增强产业创新能力。创新作为驱动区域经济内生增长的重要手段,一方面,通过新技术研发、高新技术嫁接、生产流程改进等方式,对传统产业进行改造和重组,推动区域内关键产业或产业的若干环节向价值链高端延伸,推动区域产业群整体竞争实力的提升。另一方面,通过创新驱动,推动技术升级,增强产业链各环节的关联度,强化不同产业之间的沟通和融合能力,为区域产业发展注入新活力。

三、区域创新中存在的主要问题

区域是落实创新驱动战略的有效平台,是中国参与国际竞争的主战场。但是,很多地方对传统的发展模式已形成"路径依赖",转向创新驱动发展的新路径可谓是"知易行难"。

(一)区域间产业结构趋同

中国幅员辽阔,区域之间的差异很大。其实,不同区域资源禀赋各异,发展阶段不一,其创新路径与重点领域应有所区别。调研发现,很多省、市的区域创新目标和创新领域趋同化严重。中央政府提出将新能源新材料、电子信息、生物技术、装备制造等作为创新的重点领域,各地不顾实际条件,纷纷将上述领域作为创新重点,地方之间低水平重复建设较为严重,不仅脱离了区域发展实际,也不利于国家创新驱动战略的实施,同时造成资源投入的巨大浪费,导致区域经济发展畸形化。

(二)区域创新能力分化明显

中国发展已到了必须转换发展动力、转变发展方式的新阶段,不管是发达地区还是欠发达地区,都应走创新驱动之路。习近平总书记在宁夏考察时强调,欠发达地区更应走创新驱动发展之路。欠发达地区同时面临"赶"和"转"的双重任务、双重压力,创新的需求更大、任务更重。但各区域创新能力分化明显,东部发达地区的创新能力和水平远远高于西部和东北地区。大量的创新活动主要积聚于大城市,如北京、上海、深圳等,创新发展的不平衡成为"新常态"。

(三)激励地方政府支持创新的机制供给不足

各地区间创新缺乏沟通协调,创新资源争夺激烈,在一定程度上影响制约创新人才、技术平台等创新资源的流动和共享。受传统观念和体制影响,许多地区只关注经济利益和短期利益,部分领导对于创新规律认识不深,缺乏"一张蓝图干到底"的决心与毅力,没有把精力和资源投入到和区域长期健康发展密切相关的创新布局上,也没有形成符合创新规律的政绩考核指标体系。

第二节　区域创新的路径选择

衡量一个区域是否真正成为创新型区域,必须从经济社会发展全局的角度来检验、从产业发展和结构调整的成效来检验。比如,创新是否成为区域重要的战略资源,是否是区域产业转型和综合实力提高的主要支撑? 创新是否成为政策制定和制度安排的核心要素? 该区域能否吸引培养国际一流的科学家和高端创新人才? 能否形成关注支持科技创新的社会基础和氛围等。对于各级政府和市场主体来说,只有集成优势创新资源,将区域创新潜能转化为创新动力,才能带动区域创新水平整体跃升,服务国家整体创新部署。

一、以提升竞争力为旨向加强区域创新设计

区域竞争力是指支撑一个区域持久生存和发展的力量,即一个区域在竞争和发展的过程中与其他区域相比较所具有的吸引、争夺、拥有、控制和转化资源,争夺、占领和控制市场的能力,为其自身发展所具备的资源优化配置能力。

一般说来,区域竞争力分为三个层次:基础竞争力、核心竞争力和主导竞争力。基础竞争力是由自然资源、劳动力、资本、设施、科技等基础性要素产生的竞争力。区域的核心竞争力亦即区域的产业竞争力,是指区域内的产业在一定的经济体制和经济运行环境下所表现出来的综合实力及其发展潜力强弱的程度。区域主导竞争力是指区域经济辐射与聚集能力的大小。区域核心竞争力是区域经济持续发展的源泉,而区域创新能力是影响区域核心竞争力的关键因素,是实现区域可持续发展的根本动力。

因此,在区域转型的过程中,要将新的区域发展所需要素或这些要素的新组合引入区域经济系统,创造一种新的更为有效的资源配置方式,实现新的系统功能,使区域内的资源得到更有效利用,从而提高区域创新能力,促进区域发展。

在推动区域创新发展的过程中,各级政府要注重制度创新,更好发挥市场在资源配置中的决定性作用。构建不同区域可以开展有效交流的政策框架,形成合力。

二、促进要素的高度集聚

创新需要一定的密度和浓度(周其仁,2017)。推动区域创新发展,只有实现创新要素、创新资源的高度集聚后,才能形成高效率的创

新链条,产生良好的经济效益。具体来说,一是促进创新型人才集聚。主要包括企业家人才、高科技研发人才、创意人才、高技能劳动力、金融人才等。一个地区搭台筑巢引凤,可以逐步提高人口素质,达到创新的浓度,成为创新型地区。二是促进部分产业的集聚,构建具有较强自主创新能力的产业体系和科技服务体系,形成完善的创新链,从而满足各类创新企业的需求,形成新产业,集聚为更多的企业从事创新提供了更多便利,从而进一步吸引创新创业者,更有利于整体创新水平的提高。深圳之所以成为全球创新活跃的地区,重要原因之一是形成了创新链。三是促进创新机构的集聚。主要包括高等院校、各类研究机构、风险投资公司等。依托创新机构构筑产学研合作平台,产生源源不断的知识创新和技术创新成果。

创新要素的集聚显然离不开地方政府的积极有为。地方政府要从增长竞争型政府转为创新服务型政府,从重视要素、物质投资转向重视人才投资,尤其需要关注高端人才的培养和引进,积极推动产学研合作创新,形成政产学研合作创新的机制,重视保护知识产权,营造良好的生态环境。

三、打造区域创新示范引领高地

新常态下,发达地区、欠发达地区的边界日益模糊,哪个地区在转方式上占据先机,在创新上占据了制高点,哪个地区就会"弯道超车",获得先发优势。例如,贵阳地处西部经济欠发达的贵州省,近年来却抓住大数据的历史机遇,及时转变发展方式,目前已成为国内大数据产业发展的高地,在这一领域成功实现"弯道超车"。地方政府部门需强化服务意识,主动对接国家创新发展战略,结合本区域创新发展需求,摸清本地区未来主导产业和新兴产业的发展现状,把国家自主创新示范区和高新区作为区域创新的重要空间载体,开展区域创新实验,建设创新型城市,带动区域创新水平整体提升,培育出有独特优势的创新增长极。

根据《"十三五"国家科技创新规划》,中国将重点支持北京、上海建设具有全球影响力的科技创新中心。一般说来,国际科技创新中心城市具有全球化的创新资源集聚、配置和管理能力,能吸引全球创新要素和高端人才;能产出高水平的科技成果,涌现出有影响力的创新机构和人物;有创新创业友好的环境、开放包容的社会文化,以及良好的生活工作条件;能持续发挥先发优势,率先实现转型发展,促进新型产业涌现和壮大;并对周边区域起到重要的辐射带动作用,在全球创新网络中扮演关键节点和枢纽角色,代表国家参与全球科技创新竞争合作。

北京应发挥高水平大学和科研机构、高端科研成果、高层次人才密集的优势,建设具有强大引领作用的全国科技创新中心(见专栏7-2)。开展重大基础和前沿科学研究,聚集世界级研究机构和创新团队,打造原始创新策源地。强化央地共建共享,建立跨区域科技资源服务平台,全面提升重点产业技术创新能力,积极培育新兴业态,形成全国"高精尖"产业集聚区。建设国家科技金融创新中心,推动科技人才、科研条件、金融资本、科技成果开放服务,在京津冀及全国创新驱动发展中发挥核心支撑和先发引领作用。构筑全球开放创新高地,打造全球科技创新的引领者和创新网络的关键枢纽。

专栏 7-2　北京稳步推进科技创新中心建设

2016 年,北京研发经费投入达到 1479.8 亿元,比 2011 年增长 58%,占地区生产总值的比重为 6%左右,位居全国最高水平,也高于发达国家平均水平。科技创新对北京经济增长贡献率超 60%。

北京市 2016 年新增科技型企业 8 万家,占全年新增企业总数的比重为 36%,表明全社会创新创业的热情和投入显著提高。据统计,北京每万人发明专利拥有量达 76.8 件,是全国平均水平的 9.6 倍。PCT 国际专利申请量 6589 件,是 2011 年的 3.5 倍。高技术产业、科技服务业增加值年均增速分别为 37.7% 和 12.8%。技术合同成交额 3940.8 亿元,是 2011 年的 2.08 倍,五年来实现翻番。中关村示范区总收入实现 4.57 万亿元,是 2011 年的 2.4 倍。中关村企业累计创制国际标准 229 项,比 2011 年新增 139 项。

——根据有关资料整理

上海发挥科技、资本、市场等资源优势和国际化程度高的开放优势,建设具有全球影响力的科技创新中心。瞄准世界科技前沿和顶尖水平,布局建设世界一流的重大科技基础设施群。支持面向生物医药、集成电路等优势产业领域建设若干科技创新平台,形成具有国际竞争力的高新技术产业集群。鼓励政策先行先试,促进国家重大科技成果转化落地,吸引集聚全球顶尖科研机构、领军人才和一流创新团队,引导新型研发机构快速发展,培育创新创业文化。推进上海张江国家自主创新示范区、中国(上海)自由贸易试验区和全面创新改革试验区联动,全面提升科技国际合作水平。发挥上海在长江经济带乃至全国范围内的高端引领和辐射带动作用,打造全球科技创新网络重要枢纽,建设富有活力的世界创新城市。

推动国家自主创新示范区和高新区创新发展。紧密结合国家重大战略,按照"东转西进"的原则优化布局,依托国家高新区再建设一批国家自主创新示范区。大力提升国家自主创新示范区创新能力,发挥科教资源集聚优势,释放高等学校和科研院所创新效能,整合国内外创新资源,深化企业主导的产学研合作,着力提升战略性新兴产业竞争力,发挥在创新发展中的引领示范和辐射带动作用。支持国家自主创新示范区先行先试,全面深化科技体制改革和政策创新,结合功能提升和改革示范的需求建设创新特区。

国家高新区围绕"高"和"新"加大体制机制改革和政策先行先试力度,促进科技、人才、政策等要素的优化配置,完善从技术研发、技术转移、企业孵化到产业集聚的创新服务和产业培育体系。稳步推进省级高新区升级,按照择优选择、以升促建、分步推进、特色鲜明的原则,推动国家高新区在全国大部分地级市布局,加快推进中西部地区高新区升级。建设创新型产业集群,发挥集群骨干企业创新示范作用,促进大中小企业的分工协作,引导跨区域跨领域集群协同发展。

加强国家农业科技园、国家现代农业科技示范区建设,布局一批农业高新技术产业示范区和现代农业产业科技创新中心,培育壮大农业高新技术企业,促进农业高新技术产业发展。

四、形成千帆竞发的区域创新格局

东部地区经济发展水平高,人才资源丰富,基础设施完善,整体实力强。但随着要素成本不断上升,资源约束趋紧,环境污染压力加大,东部地区亟待转型升级。东部地区应调动创新驱动的积极性,围绕京津冀协同发展、"一带一路"建设、长江经济带发展等重大规划,侧重提高原始创新和集成创新能力,因地制宜探索差异化的创新发展路径,尊重科技创新的区域集聚规律,全面加快向创新驱动发展的转型,培育具有国际竞争力的产业集群,建设若干具有强大带动力的创新型城市和区域创新中心。

中西部地区把握自身独特条件和后发优势,走差异化和跨越式发展道路,柔性汇聚创新资源,探索各具特色的创新驱动发展模式,实现跨越式发展。加快先进适用技术推广和应用,在重点领域实现创新牵引,培育壮大区域特色经济和产业。建设带动性强的创新型省市和区域创新中心。加强对西部区域和欠发达地区的差别化支持,紧密对接革命老区、民族地区、边疆地区、贫困地区的科技需求,加大科技援疆、援藏、援青以及对口支援力度,为跨越式发展和长治久安提供有力支撑。围绕东北地区等老工业基地振兴和中部崛起,加大对重点产业创新支持力度,提高创新资源配置的市场化程度,增强创新动力和活力。

各地应根据资源禀赋、产业特征、区位优势、发展水平等基础条件,突出优势特色,探索各具特色的创新驱动发展模式。通过发挥地方主体作用与中央的宏观指导作用,有效集聚各方科技资源和创新力量,加快推进创新型省份和创新型城市建设,推动创新驱动发展走在前列的省份和城市率先进入创新型省市行列,形成一批具有全国乃至全球影响力的科学技术重要发源地和新兴产业策源地,力争在优势产业、优势领域占有一席之地。

五、构建区域创新驱动的制度体系

良好的制度环境为区域创新潜力的发挥提供有效的战略指引与支撑作用。无论是东部还是中西部,跳出传统增长窠臼,真正迈向创新驱动新道路,必须注重制度创新,建立与区域经济创新发展相匹配的制度体系与制度环境。基于此,打造区域创新高地的前提是建立健全制度体系,为区域开展创新活动提供高效的配套机制,营造良好的创新生态。对于地方政府而言,把握区域创新驱动的规律,构建完善的创新制度体系,有助于不同创新主体、不同产业环节之间的创新关联性,增强区域创新驱动发展的系统性与协调性,从而推动区域竞争力的稳步提升。

当前,可选择若干区域进行制度创新试验,推动形成若干具有示范带动作用的区域性改革创新平台,形成促进创新的体制架构。支持各类改革试验区域统筹产业链、创新链、资金链和政策链,在市场公平竞争、知识产权、科技成果转化、金融创新、人才培养和激励、开放创新、科技管理体制等方面率先取得突破进展,率先实现创新驱动发展。在条件成熟的情况下,形成可复制的重大改革举措,向全国推广示范(见专栏7-3)。

专栏7-3 浙江:以制度创新推动大众创业、万众创新

近年来,浙江坚持把推进"双创"作为实施创新驱动发展战略、打造经济转型升级新引擎的重要举措,掀起新一轮创业创新热潮,呈现出新的动力和活力,效果显著。2016年全省信息经济核心产业收入规模超万亿元,全社会信息经济核心产业实现增加值占 GDP 比重超过8.4%,以信息经济、数字经济、互联网经济为代表的新兴产业和业态总量大、比重高、创新活跃。以电商领域为例,全省电商服务企业 3000 多家,居全国第一;电商服务企业营业收入 1400 亿元,占全国 30%,居第一;网店 84.5 万家、天猫店 2.5 万家、跨境电商网店 6.3 万家;网络零售额 7610 亿元,占全国网络零售总额的 19.63%,居全国第二。

浙江之所以能取得如此显著的成就,成为国内创新活力最强的区域之一,良好的制度支撑功不可没。浙江省作出了重大决策部署《全面实施创新驱动发展战略加快建设创新型省份的决定》《关于补短板的若干意见》,实施"八倍增、两提高""一转四创"等目标任务,出台了促进创新创业的一系列政策举措。比如,针对高校、科研院所仪器设备有效利用率低,而广大科技型中小企业对技术研发、检验检测等科技服

务需求迫切的问题,大力推广应用"创新券",促进科技资源向社会开放共享,降低创新创业成本,各市县均出台创新券实施管理办法。截至2017年3月,累计发放"创新券"7.23亿元,使用3.96亿元,约占全国创新券的80%,大型科学仪器设备整体使用率提高了5%,共享率提高5%,带动全社会创新投入约40亿元。

再如,为解决科技成果供需不匹配问题,畅通科技成果转化路径,激发"双创"新动能,浙江省提出把科技成果转化产业化作为科技部门的"一号工程",坚持"五端发力"(需求端、供给端、平台端、服务端、环境端),努力推进技术产权化、成果资本化、转让市场化、交易网商化,着力打通科技和经济社会发展的通道。

浙江省各级政府加强创新生态建设,激发双创内生动力。通过推进"四张清单一张网"(政府权力清单、政府责任清单、企业项目投资负面清单、专项资金管理清单和浙江政务服务网)建设,全省行政许可事项四年(2013—2016)累计减少779项。按照"群众和企业到政府办事最多跑一次"的理念和目标,充分运用"互联网+政务服务"和大数据,深化"最多跑一次"改革,已公布第一批"最多跑一次"事项四万多项,预计到2017年年底要实现"最多跑一次"覆盖80%左右的行政事项。知识产权保护方面,2016年浙江立案知识产权案件11524起,同比增长34.2%,其中专利侵权案件10135起。共办结11496起,结案率达到99.7%。

——根据相关资料整理

六、有效整合创新资源

完善跨区域协同创新机制,引导创新要素聚集流动,构建跨区域创新网络。相邻地方政府间应主动从无序重复竞争走向优势互补与服务协作。推动区域间共同设计创新议题、互联互通创新要素、联合组织技术攻关。比如,紧紧围绕京津冀协同发展需求,打造协同创新共同体。着力破解产业转型升级、互联互通、生态环保等重大科技问题,加快科技资源互联互通和开放共享,建立一体化技术交易市场,建设科技成果转移转化示范区,促进产业有序对接,推动京津冀区域率先实现创新驱动发展。再如,围绕长江经济带发展重大战略部署,着力解决流域生态保护和修复、产业转型升级的重大科技问题,促进长江经济带各地区技术转移、研发合作与资源共享,推动科技、产业、教育、金融等深度融合,提升创新发展整体水平。

着力推动省部合作、区域合作、国际合作,打造区域协同创新共同体,推动区域一体化发展等。促进科技与金融紧密结合,形成以财政资金为引导、社会资本为主体的多元化创业投资格局。消除区域之间在人才、技术等创新要素流动中的障碍因素,打破妨碍资源优化配置、阻碍创新文化效率提高的利益格局。在不断增强区域优势和创新活力的基础上,提升国家整体创新驱动发展能力。

七、塑造区域创新文化

创新文化正在成为影响区域创新实力的重要因素。区域创新活动的实施离不开创新文化的滋养。通过塑造培育区域创新文化,让创新的理念生根发芽,逐步渗透到社会各阶层群众的心中,增强对创新的认同感和参与度。在新一轮区域竞争中,地方政府必须善于进行顶层设计,从本区域的区位优势、资源禀赋、产业发展水平的实际出发,瞄准全球科技发展前沿,从精神理念、体制机制、环境氛围等方面入手,构建具有前瞻性、辐射性、影响力强的区域创新文化,支持创新、鼓励创新、保护创新,形成全社会创新的新思想,营造出尊重劳动、尊重知识、尊重人才、尊重创造的浓厚氛围,在整个区域形成强大的"创新磁场",促进创新要素向区域内流动和集聚,达到创新所需的浓度,激发"大众创业、万众创新"。

第三节 深圳:一个创新型城市的崛起

深圳是中国最年轻的移民城市,也是最具创新精神的城市之一。[①]近年来,深圳坚持把创新作为城市发展的主导战略,大力促进创新、创业、创投、创客"四创联动",全面激发"双创"活力,已从过去的"学习模仿"转变为"创新之都"。[②] 中国经济发展进入新时代,传统的红利因素渐行渐远,正处在转变发展方式、优化经济结构、转换增长动力的常规性、长期性关口期。深入探讨和研究深圳创新驱动发展的成长之路,总结深圳成功转型的做法和经验,对国内其他城市、地区乃至整个国家,都具有极其重要的价值。

1979 年 3 月,经中央和广东省批准,深圳正式设市,受广东省和惠阳地区双重领导。11 月,中共广东省决定,将深圳市改为地区一级的省辖市。1980 年 5 月,中央和国务院正式将深圳定为"经济特区"。1981 年 3 月,深圳市升格为与广州市相同的副省级城市。1988 年 11 月,国务院批准深圳市在国家计划中实行单列,并赋予其相当于省一级

---

① 英国学者查尔斯·兰德瑞认为,一个创新型城市必须具备以下条件:高技能劳动力;激励、引导的规制;动态的思想家、创业者和实干家;独立人格的人;充分的智力基础设施;完善的内外通信联系;企业家文化;创造性的火花冲突;动态和紧张的平衡能力。

② 据统计,2016 年,深圳国内发明专利申请量增长 40.7%,申请量和授权量均居全国副省级城市第一;万人发明专利拥有量 76.3 件,是全国平均水平的 9 倍以上;主导或参与制定国际标准 249 项,增长 53.7%,累计达 1384 项。

的经济管理权限。1992 年 2 月，全国人大常委会授予深圳市人民代表大会及其常委会、市政府制定地方法律和法规的权力。

从 20 世纪 80 年代开始，深圳充分利用毗邻香港的区位优势，劳动力资源丰富、人力成本较低的要素优势大力吸收引进海外技术、资金、设备、原材料和初级产品、经济和科技等，采取合资经营、合作经营、来料加工、补偿贸易等多种形式兴办"三资"企业和"三来一补"企业，至 80 年代中期，深圳基本建立起了以工业为主导的外向型经济体系。

进入 20 世纪 90 年代后，欧美发达国家开始进行大规模的产业结构调整，电子、纺织、精细化工等产业陆续向发展中国家转移。深圳紧跟世界技术变革浪潮，承接先发国家转移的产业。在这一时期，深圳的产业层次总体偏低，产品附加值不高，贸易结构不够合理，创新能力不足，整体竞争力不强、环境污染较为严重。

面对经济发展中的"短板"和"痛点"，深圳市政府在 1993 年年底出台了停止登记注册新的"三来一补"企业，并作出让原特区内已办的"三来一补"污染型企业全部迁走的决定。从产业链的最低端开始向制造转型。深圳逐步有了自己的企业和产品，以纺织和制鞋等传统制造为主体的加工贸易体系，迅速被全国性消费升级所推动的家电、电脑、通信产品等产业所取代。深圳企业开始从学习模仿创新向以研发和设计为重心的自主创新升级。2000 年，深圳高新技术产品产值突破千亿元，自主知识产权产品在全部高新技术产品产值占比突破 50%，以华为、中兴等为代表的科技型企业高速成长。

进入 21 世纪后，深圳又一次面临危机——比较优势逐步弱化，原来竞争靠低价、增长靠出口、技术靠进口、速度靠投入、规模靠低素质劳动力的传统发展方式日渐举步维艰。由于土地面积狭小，随着开发强度的提高,深圳面临能源、水资源短缺,人口不堪重负、环境承载力严重透支、劳动力成本等"四个难以为继"的问题。从外部来看,国内外市场需求发生变化,消费升级迭代加快,竞争更加激烈。深圳数量型增长已走到尽头,迫切需要以质量型增长冲破要素成本制约,迫切需要以质量引领产业转型升级,打造更高质量的现代化产业体系,提供更高质量的产品供给,满足更高品质、更加多样的市场需求。

深圳在 2004 年提出建立"自主创新型城市"的口号与转型思路,2006 年又出台深圳市"1 号文件",提出把深圳建设成为全国创新型城市的目标。2008 年深圳成为国家创新型城市试点城市,2009 年成为国家综合配套改革试验区。2012 年,深圳开始构建综合创新生态体系。2018 年 2 月 24 日,国务院同意深圳市以创新引领超大型城市可持续发展为主题,建设国家可持续发展议程创新示范区。深圳也提出新的目标定位——到 2020 年,深圳将基本建成现代化国际化创新型城市,高质量全面建成小康社会;到 2035 年,建成可持续发展的全球创新之都,实现社会主义现代化;到 21 世纪中叶,建成代表社会主义现代化强国的国家经济特区,成为竞争力、影响力卓著的创新引领型全球城市。

一、深圳创新驱动发展的成效

一是创新驱动生态体系效应显现。2016 年深圳市全社会研发投入超过 800 亿元,占 GDP 比重提高至 4.1%。2016 年全市 PCT 国际专利申请 19648 件,占国内 PCT 申请总量的 46%,PCT 国际专利申请连续 13 年排名全国第一,在全国保持绝对领先优势。超材料、基因测序、无人机、石墨烯太赫兹芯片、柔性显示等技术处于全球领先水平。华为短码方案成为全球 5G 技术标准之一(见表 7-1)。深圳正从应用技术创新向基础技术、前沿技术创新转变,正从跟跑向并跑领跑迈进。

表 7-1 深圳的部分创新成果

名称	具体表现
4G/5G 技术	华为、中兴在第四代移动通信 TD-LTE 技术领域的基本专利占全球 1/5,并率先在 5G 领域布局
超材料	光启获得超材料专利授权超过 2000 件
基因测序	华大基因基因测序能力占全球 50%左右
无人机	大疆创新占消费级无人机市场的 70%
新能源汽车	比亚迪成为全球最大的新能源汽车企业之一
显示技术	超多维是国内规模最大的裸眼 3D 技术提供商 柔宇科技开发出全球最薄的柔性显示屏幕
太赫兹技术	华讯方舟公司突破移动通信与海量传输的技术"瓶颈",成功研制出世界首块石墨烯太赫兹芯片

二是创新型企业增长迅猛。深圳共拥有科技型企业 3 万余家,其中国家级高新技术企业 8037 家。仅在 2016 年,全市企业共申请专利 113859 件,其中发明专利 47632 件。数据显示,2016 年专利申请千件以上企业达 7 家,百件以上企业达 68 家;排名前十的大型企业专利申请量为全市申请总量的 15.3%。十件以下的中小企业为 12698 家,共申请专利 39075 件,占企业申请总数的 34%。[①] 大、中、小企业专利申请踊跃,申请结构更加科学合理,在创新驱动发展战略的引领下,全市的创新企业正呈现出主体多、能力强、创新活跃的特点。

三是创新型经济的贡献大幅度提高。深圳市战略性新兴产业年均增长在 20%以上,2016 年对 GDP 增长贡献率提高至 53%左右,先进制造业占工业比重超过 75%。2016 年,深圳战略性新兴产业和未来产业增加值增长 10.6%,其中互联网产业增长 15.3%,机器人、可

---

① 来自广东省知识产权局网站。

穿戴设备和智能装备产业增长 20.2%。无人机、新能源汽车等新产品产量分别增长 60% 和 146%。深圳前瞻布局机器人、可穿戴设备、智能装备、海洋经济等未来产业，正成为新的经济增长点。以华为、华大基因、比亚迪为代表的一批具有国际竞争力的企业正在迅速崛起（见专栏 7-4）。

专栏 7-4 深圳的无人机产业

近年来，无人机产业正成为新兴的"风口"产业。无人机的应用场景包括航拍、环境保护、反恐维稳、交通巡逻、应急救援、勘探测绘等。目前，全球民用无人机产业已经形成大约 1000 亿美元的市场规模，未来 10—20 年内更是无人机发展的黄金时期。我国民用无人机刚刚起步，市场空间巨大。预计未来 5—10 年，国内无人机市场空间将高达 2000 多亿元。

深圳已成为全球无人机产业研发、制造重镇，名副其实的"全球无人机之都"。据统计，深圳拥有 300 多家无人机企业，年销售额 200 多亿元，年增长幅度 30% 以上，占据全球民用小型无人机约 70% 的市场份额，制造和创新优势明显。深圳大疆创新科技有限公司等企业更是领跑整个无人机行业。国家高技术产业创新中心数据显示，深圳无人机企业专利数量已突破 1000 项，深圳大疆创新科技有限公司、深圳一电科技有限公司约占 4/5。其中，在消费级无人机领域，大疆创新处于全球引领地位，不仅开创了全球消费级无人机的蓝海，而且储备了领跑未来若干年的先进技术和解决方案。截至 2018 年 2 月，深圳大疆创新科技有限公司已经发展成为员工人数超过 1.2 万人，在全世界的 7 个国家设立了 17 间办公室，整个销售网络遍布了全球 100 多个国家，刚刚过去的 2017 年，深圳大疆创新科技有限公司的销售额也达到了 180

亿元,相较于 2016 年增长了 80%。

深圳为何迅速成为中国无人机中心?

深圳无人机发展是从小航模起来的。深圳是世界模型产业的生产基地,全球 80% 的模型产品产自深圳。据悉,航模在 20 世纪 60 年代的中国,就曾作为军体项目拿到过世界冠军。随着近年航模从体育竞技发展成为大众的休闲运动以后,现在性能较好的产品价格也越发便宜。在深圳,目前从事模型生产和组装的企业大约有 100 家,而这其中的大多数航模企业,都在准备向无人机转型。

深圳无人机产业的爆发式发展,还跟智能手机和电子产品的普及关系密切。例如,在无人机的惯性制导系统中,包括陀螺仪、电子罗盘、GPS 模块在内的传感器设备都与智能手机所用的几近相同。从深圳手机整个大产业链的角度看,作为世界上手机产业链最集中和完善的地方,深圳的手机电子产业的强大基础,为无人机生产提供了及时的原材料。深圳是华为、中兴、酷派等智能手机及个人电脑等电子配件产业的一大集聚地,相关产业积淀深厚。深圳及周边的东莞、惠州等市,聚集大量电子元器件企业,华强北电子一条街作为电子元器件集散地,更是降低了电子元器件采购的时间和金钱成本。一架无人机需要2000—3000 个配件,均可在深圳采购,这在提升研发速度方面具有很大优势。

此外,深圳还拥有完善的无人机产业链配套及研发优势。无人机所需要的碳纤维材料、特种塑料、锂电池、磁性材料等关键配件及材料,深圳都已在此前形成了优势。比如,无人机核心材料中,碳纤维占据了大约 70% 的比例,这种材料最早运用于羽毛球拍、鱼竿等物品;以此为基础,深圳发展起了同样依赖于碳纤维的航模产业。从羽毛球拍、鱼竿而来,然后到后来的航模,再到无人机,这也正是产业不断转型创新,逐渐升级的过程。

深圳毗邻港澳地区,购买美国或日本等国的原材料或配件也更快捷,可以更好地降低电子元器件采购的时间和金钱成本。除香港流入的"先行投资"风险资金外,深圳还拥有强大的港湾基础设施,便于出口。同时,深圳金融体系发达,资本市场活跃,为无人机企业吸收风投和产业资本提供了更多可能。深圳市政府引进了北京航空航天大学及哈尔滨工业大学等大学研究机构,为无人机企业提供了优秀的人才。

早在2013年,深圳市政府制定了《深圳市航空航天产业发展规划(2013—2020年)》,将航空航天产业列为深圳的三大重点"未来产业"之一,将无人机列为发展重点,提出"无人机腾飞工程",重点支持建设无人机产业基地,并每年分批次进行扶持,其中无人机就是重点支持领域,扶持的领域包括无人机设计测试、总装集成、人机交互等。2015年,深圳市陆续发布了《民用无人机系统通用标准》《单旋翼直升机系统通用标准》《公共安全无人机系统通用标准》等7个无人机地方标准,助力无人机规范、快速发展,全力打造"无人机之都"。深圳先从申请深圳地方标准做起,然后是国家标准,最后将标准推向国际,成为国际标准,为中国的无人机产业占领国际市场奠定良好的基础。

——根据有关资料整理

四是新型研发机构呈裂变创新态势。深圳培育出一批集科学发现、技术发明、产业发展为一体,既与科研机构、企业、事业单位、大学有相似之处,但又不完全雷同的新型研发机构,成为引领创新和新型产业发展的重要力量。主要有三种模式:第一种是传统科研院所创新体制机制,实现产学研创新的一体化——中科院深圳先进技术研究院积极制定创新运作机制,把科技成果转化和企业孵化相结合,培育出100多家科技型企业。第二种是民营研发机构创新运营模式,实现知识创新与技术创新的结合——华大基因走出一条集科学发现、技术发明、产业孵化于一体的创新发展之路。第三种是引进海外创新团队,以知识创新带动技术创新和产业创新——光启研究院是深圳第一批引进的海外高层次创新团队,建成全球首条超材料生产线。截至 2017 年 4 月,深圳已在基因组学、超材料、智能机器人、神经科学、大数据、石墨烯等前沿技术领域培育了 93 家新型研发机构,引领城市创新的潮流。

五是创新创业文化初步形成。深圳是一座移民城市,形成了敢于冒险、崇尚创新、追求成功、宽容失败的创新文化。大力推广创新教育,在中小学建立机器人、3D 打印等实验室;全市建成一批科技创新教育基地学校,改造升级 30 个创新实验室,建设 100 个创客实践室。在深圳大学、南方科技大学等高校建立校园创客空间,开展创新教育,提升大学生创新素养。

二、营造"大众创业、万众创新"的良好环境

深圳围绕"需求链"构建"政策链",从财税、金融、人才等各方面加大对创新创业的支持力度,着力打造国际创客中心,不断丰富创新体系。例如,深圳 2015 年提出促进创客发展三年行动计划,促进创客发展的若干措施,加强创业带动就业工作的实施意见等。2016 年又出台实施关于促进科技创新的若干措施,支持企业提升竞争力和人才优先发展的若干措施,完善人才住房制度的若干措施及加快高等教育发展的若干措施等。

为激励创新创业,深圳将科研人员成果转化收益比例提高到 70% 以上,转制科研院所、高新技术企业的管理层和核心技术骨干持股比例放宽至 30%;创新型中小微企业不良贷款容忍率放宽至 5%。对符合条件

的创客个人、创客团队的创新创业项目,予以最高50万元资助。2015—2016年,深圳共支持创新创业项目600余个,资助金额超过1.7亿元。

率先改革商事制度,创新创业准入门槛大幅度降低,掀起创新创业热潮。2013年改革以来,新增商事主体180万户,目前总量累计达275.6万户,居全国第一。深圳较早在国内推行科技创新券制度,分1万、5万、10万、20万四种面额,主要支持研究开发、技术转移、检验检测和创业孵化等。单次申领额度最高可达20万元,单个创客空间年度发放额度最高100万元。截至2017年年初,累计向3200多家中小微企业发放创新券近1.5亿元。

为支持创客空间发展,深圳对各类机构建设低成本、便利化、全要素、开放式的创客空间,予以最高500万元资助。现在已经打造出柴火空间、创客市集、深港青年梦工场等一批国际化创客空间。此外,深圳还实施了"孔雀计划",每年安排10亿元资金引进海外高层次创新人才团队,最高资助1亿元,近年来共累计引进"孔雀计划"创新团队100多个。对于入驻政府主办的创业孵化载体的初创企业,按照第一年不低于80%、第二年不低于50%、第三年不低于20%的比例减免租金。针对房价居高不下,深圳实施人才安居工程,成立注册资本1000亿元的人才安居集团,计划五年建设筹集人才和保障性住房40万套。

为解决"双创"中的"瓶颈"制约,深圳也采取许多有针对性的举措。其一,大力发展VC/PE。深圳VC/PE机构约5万家、注册资本约3万亿元,机构数量和管理资本约占全国的1/3。其二,实施科技金融计划。截至2016年年底,深圳金融机构向高新技术企业贷款余额2886亿元,比2015年年底增长51.8%。其三,成立总规模达80亿元的深圳人才创新创业基金,作为支持人才创新创业的政策性基金,主要投向高技术、高成长、高附加值的项目以及国内外前沿技术、原创技术、颠覆性技术等领域。

三、思考与启示

深圳从改革开放初期的要素与投资驱动转向创新驱动,成为重要的创新城市,走出了一条创新驱动的新道路。当前,国内许多地区正处于转型发展的关键期,破解经济转型升级中的人口、资源、环境等"瓶颈"制约,可以借鉴深圳经验,根据区域的资源禀赋和区位优势,走有区域特色的创新驱动发展道路。

一是充分发挥市场在创新驱动中的决定性作用。深圳之所以成为全国创新非常活跃的城市,很重要的原因就是较早建立了以企业为主体、市场为导向、产学研资介紧密结合的创新体系,激发了创新主体的活力。在区域创新中,必须让每一个企业、每一个创业者真正成为市场竞争的主体,形成有能力者想创新,想创新者能创新的格局。

二是发挥政府"看得见的手"的引导作用。强调发挥市场在创新驱动中的决定性作用绝不意味着政府无所作为,深圳特色的创新体系的生根发芽、成长壮大并不全部是市场机制演化的结果,政府的战略引导、政策支持不可或缺。深圳市政府做到"有为有不为,到位不越位"。"有为"与"到位"体现在政府制订产业规划和产业政策来引导市场及企业发展的方向,通过不断破除影响自主创新的体制性和机制性障碍,改革人事制度、分配制度、要素市场和投融资制度等,激发科技人员和企业家的创新活力,为创新创业者营造良好的产业环境。"有不为"和"不越位",体现在深圳政府尊重市场的选择,让"市场说了算",不干预企业的内部事务,充分发挥企业和市场的自主作用,使企业可以按照市场规律高效配置创新资源。

三是打造一流的"创新生态"。深圳不仅重视技术创新,开放式创新、分布式创新,也注重金融创新、管理创新、产业创新、商业模式创新等,促进各类科技资源的开放共享,为创新驱动发展搭建更多的平台,形成完善的创新环境。经过多年的积淀,深圳已经形成了科技、资本、信息、人才的聚集,拥有较为完善的上下游产业链,培育出可以迅速地将创新产业化的优势,从而为区域经济转型升级奠定了坚实的基础。

四是构筑创新人才高地。深圳之所以能够创造奇迹,奥秘之一是聚集了全国各地优秀的人才,达到了创新所需要的"浓度"。深圳通过实施人才强市战略,打造出人才宜居宜业宜聚城市。一方面,大力引进海外高层次人才;另一方面,推动高等教育跨越式发展,培养本地创新人才。可以说,正是大规模、高层次人才的聚集带来了深圳经济发展的高速度和高效益。

五是培育鼓励创新、宽容失败的创新文化。良好的创新文化及氛围有利于激发创新的内在动力,是建设创新型城市的软实力和重要保障。深圳作为一个移民城市,形成了开放、多元、包容的移民创新创业文化。深圳注重发挥年轻移民城市的优势,积极弘扬创新文化,培养全社会的创新意识和创新素养,大力提倡"敢于冒险、追求成功、崇尚创新、宽容失败"的创新精神,激发全社会的创新活力,使创新成为全社会的普遍共识和自觉行动。

参考文献

[1]本书编写组:《〈中共中央关于制定国民经济和社会发展第十三个五年规划的建议〉辅导读本》,人民出版社 2015 年版。

[2]本书编写组:《中央"十三五"规划建议重大专题研究》,中国市场出版社 2016 年版。

[3]蔡昉:《理解中国经济发展之谜》,中国社会科学出版社 2014 年版。

[4]蔡昉:《读懂中国经济》,中信出版社 2017 年版。

[5]蔡晓月:《熊彼特式创新的经济学分析》,复旦大学出版社 2009 年版。

[6]常修泽:《创新立国战略》,学习出版社 2013 年版。

[7]陈佳贵、黄群慧等:《工业大国国情与工业强国战略》,社会科学文献出版社 2012 年版。

[8]陈劲、孙永磊:《创新驱动发展的战略思考》,《科学与管理》2016 年第 1 期。

[9]陈劲、贾根良:《理解熊彼特——创新与经济发展的再思考》,清华大学出版社 2013 年版。

[10]陈劲:《创新管理:赢得持续竞争优势》,北京大学出版社 2013 年版。

［11］陈劲:《中国创新发展报告（2016）》,社会科学文献出版社2017年版。

［12］陈清泰:《创新与产业升级》,中信出版社2018年版。

［13］陈宪:《创业创新:中国经济转型之路》,上海人民出版社2017年版。

［14］陈元志:《创新驱动发展战略的理论与实践》,人民出版社2014年版。

［15］丁学良:《中国经济再崛起——国际比较的视野》,北京大学出版社2007年版。

［16］樊继达:《经济转型升级:挑战与突破》,经济科学出版社2014年版。

［17］辜胜阻:《创新驱动与经济转型》,人民出版社2013年版。

［18］辜胜阻:《转型时代的创业与创新》,人民出版社2017年版。

［19］《国家创新驱动发展战略纲要》,人民出版社2016年版。

［20］国务院发展研究中心:《以创新和绿色引领新常态》,中国发展出版社2015年版。

［21］国务院发展研究中心课题组:《新兴大国的竞争力升级战略》,中国发展出版社2016年版。

［22］韩康:《中国市场经济模式重新思考》,经济科学出版社2010年版。

［23］何传启:《第六次科技革命的战略机遇》,科学出版社2013年版。

［24］洪银兴:《论创新驱动经济发展》,南京大学出版社2013年版。

［25］洪银兴等:《创新经济学》,江苏人民出版社2017年版。

［26］胡钰:《增强创新驱动发展新动力》,《中国软科学》2013 年第 11 期。

［27］黄少坚:《国家创新体系与企业研发中心建设模式研究》,中国人民大学出版社 2016 年版。

［28］黄亚生、王丹等:《创新的创新:社会创新模式如何引领众创时代》,浙江人民出版社 2016 年版。

［29］黄亚生、张世伟:《MIT 创新课:麻省理工模式对中国创新创业的启迪》,中信出版社 2015 年版。

［30］黄志凌:《经济升级的大国思维》,人民出版社 2016 年版。

［31］贾康:《建设创新型国家的财税政策与体制变革》,中国社会科学出版社 2011 年版。

［32］姜洪:《世界经济论纲——典型与非典型发展道路研究》,中国人民大学出版社 2012 年版。

［33］兰日旭:《经济强国之路:中国经济地位变迁史》,高等教育出版社 2014 年版。

［34］郎加明:《创新驱动世界》,人民出版社 2014 年版。

［35］李德伟等:《大国崛起的政策选择》,中国经济出版社 2008 年版。

［36］李坤等:《"躯干国家"制造向"头脑国家"制造转型的路径选择》,《管理世界》2014 年第 7 期。

［37］李佐军:《第三次大转型:新一轮改革如何改变中国》,中信出版社 2014 年版。

［38］厉以宁:《中国经济双重转型之路》,中国人民大学出版社 2013 年版。

［39］林采宜:《告别速度:中国经济下一个十年增长动力何在》,机

械工业出版社 2015 年版。

[40]刘刚:《走向创新经济》,中国财政经济出版社 2017 年版。

[41]刘世锦:《中国经济增长十年展望(2013—2022):寻找新的动力和平衡》,中信出版社 2013 年版。

[42]刘世锦等:《陷阱还是高墙? 中国经济面临的真实挑战和现实选择》,中信出版社 2011 年版。

[43]刘志彪:《战略理念与实现机制:中国的第二波经济全球化》,《学术月刊》2013 年第 10 期。

[44]刘志阳:《从自主创新到创新获利》,《学术月刊》2014 年第 4 期。

[45]陆铭:《中国的大国经济发展道路》,中国大百科全书出版社 2008 年版。

[46]吕薇等:《全球化背景下的开放创新体系建设》,中国发展出版社 2017 年版。

[47]马晓河:《中国制造 2025:重塑竞争优势》,人民出版社 2017 年版。

[48]美国国家情报委员会:《全球趋势 2030:变换的世界》,时事出版社 2016 年版。

[49]钱颖一等:《创新驱动中国:国家创新驱动发展战略解读及实践》,中国文史出版社 2016 年版。

[50]秦朔:《文明寻思录》,广西师范大学出版社 2017 年版。

[51]沈坤荣:《经济发展方式转变的机理与路径》,人民出版社 2012 年版。

[52]史正富:《超常增长:1979—2049 年的中国经济》,上海人民出版社 2013 年版。

[53]世界银行、国务院发展研究中心:《2030年的中国建设现代、和谐、有创造力的社会》,中国财政经济出版社2013年版。

[54]宋立刚:《中国未来二十年的改革与发展》,社会科学文献出版社2011年版。

[55]田国强、陈旭东:《中国改革历史、逻辑和未来》,中信出版社2014年版。

[56]万劲波等:《创新发展的战略与政策》,电子工业出版社2015年版。

[57]王京生:《什么驱动创新:国家创新战略的文化支撑研究》,中国社会科学出版社2017年版。

[58]魏江、赵雨菡等:《创新驱动发展的总体格局、现实困境与政策走向》,《中国软科学》2015年第5期。

[59]文一:《伟大的中国工业革命》,清华大学出版社2016年版。

[60]吴敬琏:《中国增长模式抉择》,上海远东出版社2013年版。

[61]吴军:《硅谷之谜》,人民邮电出版社2016年版。

[62]习近平:《习近平谈治国理政》,外文出版社2014年版。

[63]谢德荪:《源创新》,五洲传播出版社2012年版。

[64]徐明华等:《浙江全面实施创新驱动发展战略研究》,中国社会科学出版社2015年版。

[65]易先忠:《后发不均质大国技术创新能力提升模式与政策机制研究》,格致出版社2013年版。

[66]张虎:《深圳推进"双创"的探索实践》,《行政管理改革》2017年第8期。

[67]张维迎、林毅夫:《政府的边界》,民主与建设出版社2017年版。

[68]《中共中央国务院关于深化体制机制改革加快实施创新驱动发展战略的若干意见》,新华社网站,2015年3月13日。

[69]中共中央文献研究室:《习近平关于社会主义经济建设论述摘编》,中央文献出版社2017年版。

[70]中国电子信息产业发展研究院:《美国制造创新研究院解读》,电子工业出版社2018年版。

[71]中国国际经济交流中心课题组:《抉择:中国经济转型之路》,中国经济出版社2017年版。

[72]周其仁:《突围集:寻找改革新动力》,中信出版社2017年版。

[73]周思:《大国崛起:中国经济体制改革的理论与实践》,广西师范大学出版社2016年版。

[74]周振华、陶纪明:《上海建设全球科技创新中心:战略前瞻与行动策略》,上海人民出版社2015年版。

[75]朱常海:《我国技术转移策略研究》,科学技术文献出版社2017年版。

[76][美]埃德蒙·菲尔普斯:《大繁荣:大众创新如何带来国家繁荣》,中信出版社2013年版。

[77][美]巴里·诺顿:《中国经济:转型与增长》,上海人民出版社2010年版。

[78][日]大前研一:《品质国家战略》,中信出版社2015年版。

[79][美]弗朗西斯·福山:《落后之源:诠释拉美和美国的发展鸿沟》,中信出版社2015年版。

[80][美]亨利·埃茨科威兹:《国家创新模式:大学、产业、政府"三螺旋"创新战略》,东方出版社2014年版。

[81][德]克劳斯·施瓦布:《第四次工业革命》,中信出版社2016

年版。

[82][挪威]拉斯·特维德:《创新力社会》,中信出版社 2017
年版。

[83][美]雷小山:《山寨中国的终结:创造力、创新力与个人主义
在亚洲的兴起》,上海译文出版社 2016 年版。

[84][英]罗思义:《一盘大棋?:中国新命运解析》,江苏凤凰文艺
出版社 2016 年版。

[85][美]迈克尔·波特:《国家竞争优势》,中信出版社 2007
年版。

[86][瑞士]乔治·豪尔、马克斯·冯·泽德维茨:《从中国制造到
中国创造:中国如何成为全球创新者》,中信出版社 2017 年版。

[87][美]泰勒·考恩:《大停滞? 科技高原下的经济困境:美国的
难题与中国的机遇》,上海人民出版社 2015 年版。

[88][美]威廉·罗森:《世界上最强大的思想:蒸汽机、产业革命
和创新的故事》,中信出版社 2016 年版。

[89][日]尾崎春生:《中国的强国战略》,东方出版社 2012 年版。

[90][美]叶恩华、[澳]布鲁斯·马科恩:《创新驱动中国:中国经
济转型升级的新引擎》,中信出版社 2016 年版。

[91][美]约瑟夫·斯蒂格利茨:《增长的方法:学习型社会与经济
增长的新引擎》,中信出版社 2017 年版。

策划编辑:郑海燕

封面设计:林芝玉

责任校对:周晓东

图书在版编目(CIP)数据

创新驱动与强国征程/樊继达 著. —北京:人民出版社,2018.9

(中国改革新征途:体制改革与机制创新丛书/张占斌主编)

ISBN 978－7－01－019626－8

Ⅰ.①创…　Ⅱ.①樊…　Ⅲ.①国家创新系统-研究-中国　Ⅳ.①F204

中国版本图书馆 CIP 数据核字(2018)第 173313 号

创新驱动与强国征程

CHUANGXIN QUDONG YU QIANGGUO ZHENGCHENG

樊继达　著

人民出版社 出版发行

(100706 北京市东城区隆福寺街 99 号)

北京中科印刷有限公司印刷　新华书店经销

2018 年 9 月第 1 版　2018 年 9 月北京第 1 次印刷

开本:710 毫米×1000 毫米 1/16　印张:13.25

字数:166 千字

ISBN 978－7－01－019626－8　定价:56.00 元

邮购地址 100706　北京市东城区隆福寺街 99 号

人民东方图书销售中心　电话 (010)65250042　65289539